『スラスラ解ける! 運行管理者〈貨物〉ウラ技合格法'23-'24年版』紹介のウラ技が本試験でも効果絶大!!

コンデックス情報研究所では、長年の過去問題の分析結果に基づき本書を作成しております。その結果、2023年11月27日公表の令和4年度CBT出題例においても、紹介したウラ技が活用できる問題が多数出題されました。本書はその経験と研究の成果を活かして編集された書籍です。

令和4年度CBT出題例　問3

次の記述のうち、一般貨物自動車運送事業の運行管理者が行わなければならない業務として、【正しいものを2つ】選びなさい。なお、解答にあたっては、各選択肢に記載されている事項以外は考慮しないものとする。

1. 乗務員が有効に利用することができるように、**休憩に必要な施設を整備し、及び乗務員に睡眠を与える必要がある場合にあっては睡眠に必要な施設を整備し、並びにこれらの施設を適切に管理し、及び保守すること。**

『'23-'24年版』p.102

「運行管理者による『施設の整備』、『勤務時間等の定め』は、誤っている!」より

秒殺が可能!!

JN012095

令和4年度CBT出題例　問5

次の自動車事故に関する記述のうち、一般貨物自動車運送事業者が自動車事故報告規則に基づき国土交通大臣に【報告を要するものを2つ】選びなさい。なお、解答にあたっては、各選択肢に記載されている事項以外は考慮しないものとする。

1. 事業用自動車が右折の際、原動機付自転車と接触し、当該原動機付自転車が転倒した。この事故で、原動機付自転車の運転者に30日間の**通院による医師の治療**を要する傷害を生じさせた。

誤り!!

『'23 − '24年版』p.118

「7つのポイントを押さえて、事故の『速報』『報告』を攻略!」より

問題文中の事故のうち…

Ⅰ　病院に入院することを要し、医師の治療を要する期間が30日以上の重傷者を生じた事故

Ⅱ　10台以上の自動車が絡む事故（衝突・接触）

Ⅲ　10人以上の負傷者が出た事故

…に「報告」が必要で、**正否を分ける選択肢**だ!!

令和4年度CBT出題例 問17

道路交通法に定める運転者の遵守事項等についての次の記述のうち、【誤っているものを1つ】選びなさい。なお、解答にあたっては、各選択肢に記載されている事項以外は考慮しないものとする。

3. 車両等は、交差点又はその直近で横断歩道の設けられていない場所において歩行者が道路を横断しているときは、必ず一時停止し、その歩行者の通行を妨げないように**努めなければならない**。

誤り!!

『'23 − '24年版』p.83

末尾が「努めなければならない」は、誤っている！

その他の的中テクニック

令和4年度CBT出題例　問5-4	'23 − '24年版テクニック⑫
令和4年度CBT出題例　問7-2	'23 − '24年版テクニック㉓
令和4年度CBT出題例　問14-1	'23 − '24年版テクニック①
令和4年度CBT出題例　問19-3　**ズバリ的中!!**	'23 − '24年版テクニック②
令和4年度CBT出題例　問20	'23 − '24年版テクニック㉖
令和4年度CBT出題例　問24-1	'23 − '24年版テクニック㉒
令和4年度CBT出題例　問30	'23 − '24年版テクニック⑪

他　多数!!

運行管理者 貨物試験 最新法改正情報！！

問題は、各試験期間初日の６ヵ月前時点で施行されている法令等を基準にして作成されます。新法や改正法の施行日は、その直前まで判明しないことがあり、一般のテキストには、最新の法改正情報は掲載されていません。ここでは、今後の試験に出題される可能性がある改正情報を厳選して紹介します。

安全規則の大幅改正

　安全規則の改正に伴い、従来は「乗務」と規定されていた箇所が「**業務**」になる、従来は「運転者」と規定されていた箇所が「**運転者等**」になる等の影響が生じている。

　なお、この改正は令和５年３月31日公布、令和５年４月１日施行のため、令和６年度第１回試験の際は、改正後の法令を基準とした出題がなされる。

適性診断等のインターネット公表

　上記改正とは別に、安全規則改正が行われた。具体的には、適性診断、運行管理者講習実施にかかる公表が「官報での告示」から「**インターネットでの公表**」に変わる等の改正が行われている。

　この改正は令和５年10月10日に公布・施行されているため、令和６年度第１回試験の際は、改正後の法令を基準とした出題がなされる。

道交法の改正

遠隔操作型小型車 特例特定小型原動機付自転車が規定された。

　当該改正に伴い、新たに「**遠隔操作型小型車**」についての規定が設けられる等の影響が出ている。なお、試験に関わるところでは、道交法第2条の**定義規定**についての改正等が重要である。

　また「**特例特定小型原動機付自転車**」についての規定が設けられている。

　令和4年4月27日公布、施行日は令和5年7月1日であるため、令和6年度第1回試験の際は、改正後の法令を基準とした出題がなされる。

改善基準の大幅な見直し

休息期間が変更された。

　従来は勤務終了後「継続8時間以上」の休息期間が必要とされていたところ、改正後は「継続**11時間以上**」の休息期間を与えるよう**努める**ことを基本とし、休息期間が「継続**9時間**」を**下回らない**ものとすること等が挙げられる。

> 　この改正の公布日は令和4年12月23日であり、施行日は令和6年4月1日であるため、本来であれば、令和6年度第2回試験から試験範囲となるはずである。しかし、**試験センターより「令和6年度第1回試験」**から、改正後の法令を基準とした出題がなされる旨が発表されているため、受験生の皆様にはくれぐれも注意していただきたい。

道交法施行令の改正

高速道路の法定最高速度が引き上げられた。

　当該改正により、高速自動車国道での法定最高速度が80km/hから**90km/h**に引き上げられた。対象となるのは、**車両総重量8トン以上、最大積載量5トン以上**の中型・大型トラックである。

　令和6年4月1日施行のため、**令和6年度第2回試験から出題範囲となる。**

CONTENTS

■**本書の登場人物（監修）**■

行政書士のみならず、宅建士、マンション管理士、管理業務主任者のすべての資格試験において一発合格を果たしている中澤先生。鋭い過去問分析には定評がある。

本書の使い方

本書は、運行管理者試験〈貨物〉に合格するためのさまざまなテクニック（ウラ技）を紹介し、その内容をわかりやすく解説したものです。もう少しで合格できるチカラがある受験生だけでなく、これから合格をめざす受験生も本書のテクニック（ウラ技）をマスターして、合格を勝ちとってください。

テクニック（ウラ技）ごとに、項目を分類！
さまざまなタイプのテクニックが項目ごとに分かれているので、自分に必要なテクニックを素早く検索・吸収できます。

テクニック（ウラ技）のタイプをアイコン表示！ひと目でわかる！
どういったタイプのテクニック（ウラ技）なのかが各項目の冒頭で確認できます。
※各アイコンの意味は、10ページで確認すべし！

第1章 問題表現で正解を推測！ ◀ テク3

第2編 ウラ技編

テクニック 3 末尾が「することができる」は、正しい！

ある意味、先ほどの「しなかった」のウラ返しのような話だ。
少し使い方が繊細なので、チョイ技とさせていただく。

チョイ技

■ 「しなかった」の逆は、「することができる」!?

前のテクニックは、末尾が「しなかった」とある場合、誤っている！…という内容であったが、そうであるならば、末尾が「○○した」とくれば正しいのか!?…というと、そうでもない。

しかし、近い表現（？）として、末尾が「することができる」とくると、正しい確率が高い選択肢となるので、紹介しておこう。

このテクニックも基本的には、過去問からデータを取ってみると、そうなっているという類のものだが、多少の理屈は付けられる。つまり、既に述べたように、法律は原則と例外から成り立っているのが通常である以上、「できる」というように可能性を匂わせる表現は、正しい可能性が高いのだ。
これを逆に言えば、可能性を一切否定する表現は、誤っている可能性が高いということを意味することは、既に述べたとおりだ。

ともかく、「○○しなければならない」わけではないが、行いたければ「○○することができる」という、やわらかい言い回しが末尾にきていれば、間違いではないよね～という結果になることが、多々あるということなのである。

中澤先生の補足コメントで、理解度がグ〜ンと UP !!
ところどころで、テクニック（ウラ技）の達人こと中澤先生が登場して、気をつけたいポイントなどを解説してくれます。

本書は原則として令和6年度第1回試験の出題法令基準日である令和6年2月2日現在で施行されている法令等に基づいて作成しております。
令和6年度第2回試験の出題法令基準日（試験期間初日の6カ月前予定）までの法改正等については、最終ページに記載してあるアドレスより本書専用ブログを閲覧してください。

② 本試験問題にトライ！

　では実際に、大型の普通貨物自動車に関する過去問を見ながら、この傾向を確認してみよう。

令和3年度 CBT 出題例 問 ⑧ （改題）

一般貨物自動車運送事業者（以下「事業者」という。）の事業用自動車の運行に係る記録等に関する次の記述のうち、【正しいものを2つ】選びなさい。なお、解答にあたっては、各選択肢に記載されている事項以外は考慮しないものとする。

2．事業者は、車両総重量が8トン以上又は最大積載量が5トン以上の普通自動車である事業用自動車に運転者等を運行の業務に従事さ

> **本試験問題でテクニック（ウラ技）の効果をすぐに確認できる！**
>
> それぞれのテクニック（ウラ技）は、「本試験問題にトライ！」で、すぐに実際の使用法や効果が確認できます。
>
> 法改正に伴い改題をした問題には、問題番号のうしろに（改題）と入れました。

> **理解を助ける図表等も盛りだくさん！**
>
> 文章のみでは理解が難しい項目には、理解を助ける図表やイラストが入っています。さらに、記憶に残るゴロ合わせも…!?

において、最も重要な事業用自動車の運行の安全を確保するためのものであるから、貨物自動車運送事業を営む事業者自身が作成すべき義務とされているのだ。

■「基準、規程、規律」の作成義務者■

①事業用自動車の定期点検基準
②輸送の安全に関する基本的方針
③事業用自動車の運行の安全確保に関する業務の処理基準に関する規程（運行管理規程）
④特別積合せ貨物運送に係る乗務員の服務規律

これらの作成義務は、すべて…

貨物自動車運送事業者にある!!

> **29回分（870問）の過去問データで、実績も確認！**
>
> 項目によっては、過去問データの掲載で各テクニック（ウラ技）の実績が確認できます。その効果を体感せよ！

過去問データ

✌「基準・規程・規律」の類の作成義務者を問う選択肢は、過去29回（870問）において、75%（20肢中15肢）が、運行管理者にあるものとして誤っている！

■本書に登場するアイコンの説明■

本書では、各テクニック（ウラ技）のタイプごとに項目をまとめ、各テクニック（ウラ技）の冒頭にて、そのテクニック（ウラ技）のタイプをアイコン表示しています。各アイコンの内容は、以下のとおりです。

アイコン	内　容	アイコン	内　容
ラク技	その名のとおり、覚えておくことで本試験においても、ラクに使用ができるウラ技。	チョイ技	本試験で劇的な効果が期待できるわけではないが、正解率 UP に貢献できるウラ技。
必殺技	過去の本試験でも、かなりの高確率で正解を導くことができたウラ技。まさに必殺技である。	職人技	使いこなすには、多少の訓練が必要となるウラ技など。ぜひ本試験でも使いこなせるよう訓練をしてほしい。
キメ技	形式的な側面だけではなく、内容の理解も伴わせることで、真の実力をも身に付けることができるウラ技。	反則技	本試験において、あまりアテにすることはできない最終手段。できるだけ使用しないことを祈る。

略語一覧

貨運法	‥‥‥‥‥‥‥‥‥‥‥‥	貨物自動車運送事業法
報告規則	‥‥‥‥‥‥‥‥‥‥	貨物自動車運送事業報告規則
事故報告規則	‥‥‥‥‥‥	自動車事故報告規則
安全規則	‥‥‥‥‥‥‥‥‥‥	貨物自動車運送事業輸送安全規則
車両法	‥‥‥‥‥‥‥‥‥‥‥‥	道路運送車両法
保安基準	‥‥‥‥‥‥‥‥‥‥	道路運送車両の保安基準
道交法	‥‥‥‥‥‥‥‥‥‥‥‥	道路交通法
指導監督指針	‥‥‥‥‥‥	貨物自動車運送事業者が事業用自動車の運転者に対して行う指導及び監督の指針（平成 13 年国土交通省告示第 1366 号）
改善基準	‥‥‥‥‥‥‥‥‥‥	自動車運転者の労働時間等の改善のための基準（平成元年労働省告示第 7 号）

運行管理者 貨物 試験案内（例年）

　運行管理者貨物試験は、次のような要領で実施されることが見込まれますが、変更される場合がありますので、試験実施団体である公益財団法人運行管理者試験センター（以下、「試験センター」とする）から発表される最新情報を必ずご自身で確認してください。

---

1 受験資格 次のいずれか 1 つに該当することが必要

①実務経験 1 年以上

試験日の前日において、自動車運送事業（貨物軽自動車運送事業を除く。）の用に供する事業用自動車又は特定第二種貨物利用運送事業者の事業用自動車（緑色のナンバーの車）の運行管理に関し、1 年以上の実務の経験を有する人。

②基礎講習修了

国土交通大臣が認定する講習実施機関において、平成 7 年 4 月 1 日以降の試験の種類に応じた「基礎講習」を修了した人。

③基礎講習修了予定

試験前の定められた期日までに国土交通大臣が認定する講習実施機関において、試験の種類に応じた「基礎講習」を修了する予定の人。

※平成 26 年度試験まで、受験資格のあった**「再受験者」**及び**「既資格者証を有する者」**は、平成 27 年度試験より**受験申請ができなくなりました**ので、ご注意ください。

平成 27 年度試験より、受験資格に変更点があったので、各自この点は注意しよう！

2 **受験手数料** 6,000 円（非課税　例年）

この他、以下のいずれかが必要となります。
- 新規受験申請（システム利用料）：660 円（税込）
- 再受験申請（システム利用料、事務手数料）：860 円（税込）

3 **申請から受験までの流れ**

令和 3 年度第 1 回運行管理者試験より、受験申請の方法は、新規受験、再受験ともにインターネット申請に限られることになりました。大まかな流れとしては、①受験申請サイトで受験申込をする、②試験センターで書類の審査が行われる、③書類審査完了のメールが届く、④ CBT 試験専用サイトへアクセスする、⑤試験会場と日時の選択・受験手数料の支払いをする、⑥ CBT 試験専用サイトから、試験会場の案内等が記載された受験確認書メールが届く、⑦受験、という流れになります。

4 **試験日時**

運行管理者貨物試験は、例年、**8 月頃**と**3 月頃**の**2 回**それぞれ 1 ヶ月程度の期間で行われます。

試験時間は、**90 分間**で、試験会場等の予約の際に希望する日時を選択します。

試験方法は CBT 試験のみとなります。筆記試験は実施されません。

※ CBT 試験とは、問題用紙やマークシートなどの紙を使用せず、パソコンの画面に表示される問題に対しマウス等を用いて解答する試験です。受験者は、提出書類審査完了後に複数の試験実施日時や試験会場の中から、受験する会場と日時を選択することができます。（試験センターホームページに CBT 試験の詳細説明を掲載しています。）

5 試験科目

以下の出題分野ごとの法令（法律に基づく命令等を含む）等について行われます。**法令等の改正については、改正施行後6ヵ月は改正部分を問う問題は出題されません。**

分　野	出題数（合計30問）
（1）貨物自動車運送事業法関係	8
（2）道路運送車両法関係	4
（3）道路交通法関係	5
（4）労働基準法関係	6
（5）その他運行管理者の業務に関し、必要な実務上の知識及び能力	7

6 合格基準

以下の2つの条件をともに満たすことで、合格となります。
なお、下記の合格基準は、補正されることもあります。

> ①原則として、**総得点が満点の60%（30問中18問）以上であること。**
>
> ②**試験科目（1）～（4）の出題分野ごとに正解が1問以上であり、(5)
> については正解が2問以上であること。**

7 試験結果の発表

試験結果発表日に、受験者全員に試験結果通知書が郵送されます。
また、合格者については、試験センターのホームページにおいて、受験番号が掲載されます。

8 試験結果レポートを希望する場合

試験結果レポートは、採点の結果を希望し、別途申込を行った受験者に採点結果を通知するものです。試験結果レポートの手数料は 140 円（税込）です。分野ごとの得点及び総得点について、それぞれ当該受験者の得点と受験者全員の平均点が表示されます。

試験方法は CBT 試験のみとなり、試験問題の持ち帰りはできません。

■問い合わせ先■

公益財団法人　運行管理者試験事務センター
（TEL）：03-6635-9400（平日 9 時〜 17 時オペレータ対応）
オペレータ対応時間外は自動音声案内のみの対応
ホームページアドレス：https://www.unkan.or.jp/

第1編

過去問分析の重要性編

わっしょ〜い!!

分析 1

過去問は情報の宝石箱！
·············16

よいしょ！
よいしょ！

分析 2

頻出項目を洗い出せ！
·············22

死角ナシ！

分析 3

解法の準備で
死角ナシ！
·············31

あらよっと♪

分析 4

本書テクニックの上手な
使い方！
·············36

過去問は情報の宝石箱！

合格するための各種テクニックを
紹介する前に、そもそも過去問を
分析する意味を考えてみよう。

分析!!

1 過去問を勉強する意味を考える。

　これから運行管理者試験（貨物）に合格するための様々なテクニックを
紹介していくが、具体的な内容に入る前に考えていただきたいことがある。

　私はよく、様々な資格試験の受験生から…

　　　　「過去問は、何年分つぶせば合格できますか？」
　　　　「過去問は、何回繰り返せば合格できますか？」

　といった質問を受ける。多くの受験生が抱く疑問であり、私も受験生時代、
合格者に同様の質問をしたことがあるのだが、ここでは逆に、皆さんに質問
してみたい。

　　　　「実際、10年分の過去問をつぶせますか？」
　　　　「それを10回、繰り返すことができますか？」

　特に運行管理者試験では、問題数が30問と少ないので、時間的に可能で
ある人もいるであろう。学生であれば、なおさらだ。

　しかし、運行管理者試験では、社会人の受験生が大半であるはずだし、
そうであれば学習時間には限りがある。平日は残業、週末は家族サービス、
さらには子育てで、日々時間に追われているに違いない。

　そうすると、勉強時間にあてられるのは、通勤中の電車内や、帰宅前の喫茶店、就寝前のわずかな時間でしかないのが実情かもしれない。仮に時間を取れたとしても、仕事でクタクタになっており、参考書を開く気力もわかないかもしれない…。

　なので、細かいことは考えず、○○**さえすれば合格！**…という**合格するための「答え」**を求めたい気持ちはよ〜くわかる。しかし、逆にそれを提示した際、実際にそれができるのか？…ということだ。

　この「何年分の過去問をつぶすべきなのか？」、そして、それを「何回繰り返さなければならないのか？」という悩みのもとをたどると、「**なぜ、過去問をつぶさなくてはならないのか？**」、「**なぜ、過去問を繰り返さなければならないのか？**」という点に行きつくはずだ。もっと言えば…

「そもそも、なぜ過去問をつぶす必要があるのか？」

　…という問いにたどりつこう。その答えは簡単である。

過去問は、合格に必要な情報の宝石箱だから！

　…なのである。そこで実際にその「宝石箱」には、どのような情報がちりばめられているのか？　次ページより、実際の過去問を紹介しながら伝えておきたい。

この第1編では、実際のウラ技を紹介する前に、そもそも、その根拠となる過去問を分析する重要性と意味を理解しておいてもらう意図なので、**気楽に読み進めていただいてOK**だ。

2　過去問は「実質的」な出題範囲表！

　運行管理者に限られることではないが、色々な資格試験の過去問を見ていると、同じような問題が繰り返し出題される傾向がある。

　そして、運行管理者試験で言えば、これは貨物試験だけではなく、旅客試験でも言えることだが、**全く同じ問題文**のものも含めて、**とにかく同趣旨の問題が多いのが特徴だ**。このくらいは皆さんもご存じであろう。

　これは推測でしかないが、同趣旨の出題が繰り返される理由としては、大きく2つ考えられる。1つは、**その資格を取得させるにおいて、このくらいは、最低限知っておけよ！**…という**意図**が試験の主催者側にあるケース。

　もう1つは、出題者に得意な分野があり（問題を作成する以上、その分野に詳しくないと作問できない）、結果的に問題が偏ってしまうケースだ。

それがどうした？…と思うなかれ！

　もし出題者の傾向で偏っているとした場合、出題者が変われば、当然、出題傾向も変わってしまう。しかし、運行管理者試験では、**「全く同じ問題」が繰り返し出題**されている点も特徴であり、**もし運行管理者試験が"落とそう"とする試験であれば、そのような出題は避ける**はずだ。過去問をしっかり学習しておけば、合格してしまうからだ。

　つまり、繰り返される問題のウラには、**試験の主催者に、このくらいは知っておけよ！**…という**明確な意図**があると推測される。そうであるならば、**過去に度々出題されている箇所は、この先、何度でも繰り返し出題される可能性が高い**ことを示唆しているのだ。

　この意味で、**過去問で頻出の知識はこの先も必須**であると言えるし、もう出ないかな…などと**変に勘繰らずに学習すべき**と言えよう。

試しに、ここで実際の過去問を見てみよう。

なお、ここでは同じ問題が出ていますよ…という紹介程度なので、各選択肢の前に書かれている、冒頭の設問文は省略する。

令和 3 年度 CBT 出題例　問 ❼

3．事業者は、初任運転者に対する特別な指導について、当該事業者において初めて事業用自動車に乗務する前に実施すること。ただし、やむを得ない事情がある場合には、乗務を開始した後 1 ヵ月以内に実施すること。

令和 2 年度 CBT 出題例　問 ❼

1．事業者は、初任運転者に対する特別な指導について、当該事業者において初めて事業用自動車に乗務する前に実施すること。ただし、やむを得ない事情がある場合には、乗務を開始した後 1 ヵ月以内に実施すること。

上記の 2 つの選択肢は、出題年度が異なってはいるが、**完全に同じである**。そして、この手の出題が普通にあることは、皆さんもご存じであろう。

　気になる受験生もいると思うので、解説もしておこう。
　上の 2 つの選択肢は、指導監督指針の「特定の運転者に対する特別な指導の方針」からの出題である。**初任運転者への特別な指導**は、初めて事業用自動車に**乗務する前**に実施する。ただし、やむを得ない事情がある場合には、乗務を開始した後 **1 ヵ月以内**に実施することとされている。つまりこの選択肢は正しい。

このように「同じ（ような）問題」が何度も出るということを理解したうえで、きちんと整理と準備をしておけば、再び出題されたときには、自信を

もって正誤の判断ができよう。

当たり前の話ではあるが、**この点を改めて理解**しておくだけでも、**やみくもに勉強する受験生よりはアドバンテージがある**し、まずは頻出項目から**ガッチリ押さえよう！**…と精神的に落ち着けるはずだ。

そして、この「まずは頻出項目から」という発想は、各資格試験で短期合格するためには、共通の発想である。と言うのも、これも当たり前の話であるにもかかわらず、勉強していると、ついついどこかに飛んで行ってしまう話なのであるが…、合格するためには、**全問を正解する必要がない**のだ。

じゃあ、過去問だけ勉強すれば、いいんじゃない？

そう思った受験生もいるであろう…、

結論から言えば、そのとおりだ。

おそらく、運行管理者試験では、それが正攻法の学習方法で理想である。**それで合格することに何の異論もない。**

しかし、とにかく過去問をつぶしていくという時間がない場合、より**メリハリの効いた学習**を行うためには、**過去問を見ることで、どこに力点を置いて学習すればよいのか**がわかるのだ。つまり…、

過去問は「実質的」な出題範囲表！

…なのである。

出題範囲は、試験実施団体から「貨物自動車運送事業法関係」、「道路運送車両法関係」、「道路交通法関係」、「労働基準法関係」、「その他運行管理者の業務に関し、必要な実務上の知識及び能力」の５つの分野であると発

表されていることは、当然、ご存じであろう。

しかし、ここから詳細な「出題範囲」は見えてこない。

1つの法律だけでも範囲は広いのに、最後に「関係」と付けられてしまったら、もうどんな問題が出されても文句が言えないレベルだ。

そこで、過去問を見てみると、実際に出題される問題と知識が見えてくる。それが繰り返し出題されているものであれば、なおさらだ。
そして、それを抽出し、合格基準に達するに十分な量であれば、**それが実質的な出題範囲**と言えるのだ！

詳しい話は後回しにするとして、過去問が「合格するための情報の宝石箱」である意味と、過去問を分析する意味をわかっていただけたのではないかと思う。

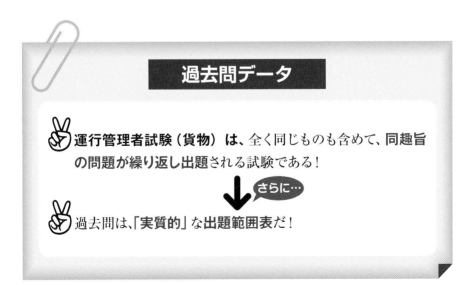

過去問データ

✌ **運行管理者試験（貨物）は、全く同じものも含めて、同趣旨の問題が繰り返し出題**される試験である！

↓ さらに…

✌ 過去問は、「**実質的**」な**出題範囲表**だ！

頻出項目を洗い出せ！

過去問分析の結果、繰り返し出題される項目を把握しておけば、ポイントを絞った学習ができる！

分析!!

❶ 理屈で説明できるテクニックばかりではない。

　先ほどまでで、運行管理者試験（貨物）は同じような問題や、それこそ全く同じ問題が繰り返し出題されること、そして、合格するためには全問を正解する必要がないことはお伝えした。

　ということは、これからこの試験の勉強を開始するのであれば、**あまり出題されない項目は後回しにして、繰り返し出題される項目から勉強した**ほうが、短い時間の学習で、効率よく得点できる可能性が高い。

　そこで、**実際にどの項目が頻出なの？**…ということであるが、ここで私なりの29回分（870問）の本試験分析に基づいた、出題頻度の高い項目を紹介しておこう。短時間の勉強で合格ラインに近づきたい受験生や、これから学習を始める人は参考にしていただければと思う。

　「いやいや、ウラ技を紹介してもらいたいだけで、頻出項目の論点表なんていらないよ…。」と考える方もいるかもしれないが、そこは資格試験である。全く実質的な勉強を行わず、問題文の書き方やクセといった形式的なテクニックのみで合格できるほど、運行管理者試験は甘くはないのだ。

　ともかく、「参考書を読み、過去問を解く」という正攻法の学習を行う際には、やみくもに学習を始めるよりは、ここで挙げた項目から重点的に学習するだけで、学習効果の感じ方も早いのではないだろうか。

　そのうえで、後ほど紹介するテクニックを駆使しつつ**「正解数の」過積載**を狙っていけばよい（上手いこと言ってしまった…）。

良くも悪くも合格するためには、最低限の正攻法の学習は必須である。自分にとってバランス良く、しっかりとした知識と、ウラ技の両方を身に付けていけることが理想だ。

②　貨運法は、25 項目分にまで絞り込める！

　当たり前の話だが、運行管理者試験（貨物）では、**貨運法が頻出の法律**であるし、最も出題数も多い。

　そして、私なりの項目の挙げ方で、貨運法から平成 20 年度以降に出題されている項目数を確認すると…、ざっと数えて **107 項目**にものぼることがわかった。

　一度は過去に出題された項目である以上、時間と余裕があれば、この 107 項目はすべて学習したいところだが、試験範囲は貨運法だけではない。すべてをマスターしようとした結果、勉強は途中で終わってしまい、もういいや…と本番を迎えることは避けたい。

　この 107 項目をまんべんなく学習できないとしても、**まずは頻出項目だけでも学習しておけば、正解数を大きく増やせる可能性が高い。**

そこから出題されることが多いからだ！

ということで、「試しに」貨運法の頻出項目一覧表を紹介してみよう。

過去の出題項目が107項目あるのに対して、この一覧表は**頻出の25項目にまで絞り込んでいる**。分析は平成20年度以降の試験について行ったが、スペースの都合上、直近9回分のみの紹介になることはご容赦いただきたい。

■貨運法の頻出項目一覧表■

〔表記例〕 「6-1」：問6の選択肢1で出題されていることを意味する。
「7」：問7のすべての選択肢で出題されていることを意味する。
令和元年度第2回試験は中止された。

出題項目		H29 2回	H30 1回	H30 2回	R1 1回	R2 1回	R2 2回	R2 CBT	R3 CBT	R4 CBT
事業許可	許可の取消し等	1-1 1-2 1-3								1-4
事業計画	計画の変更		1		1-3 1-4		1		1	1-1
輸送の安全等	法令で公表すべき輸送の安全事項					3-3 3-4				
	運行管理規程の策定	3-4								
運行管理者の業務	休憩・睡眠施設の整備・保守と管理	2-1 6-1	3-4						3-1	3-1
	勤務時間・乗務時間と乗務割の策定	2-1					2-4			24-4
運行管理者の選任	選任数				8-1			8-1		2-1
運転者に対する点呼	乗務前の点呼項目	4		4-1	4		4-2	4-1	24	4-1
	乗務後の点呼項目	4	4-2	4-2 4-4	4		4-4	4-2	4-2 24	
	途中点呼の要否		7-1	4-3	4		4-3 24-2		4-1	4-2
	点呼の記録	3-1	8-2			4-2		4-3	8-1	

出題項目		H29	H30		R1	R2		R2	R3	R4
		2回	1回	2回	1回	1回	2回	CBT	CBT	CBT
運行指示書	運行指示書の作成・変更	8-1 8-2 8-3	7-2 24-4		6-2	6-4	7-4	6-3	8-3	
運転者に対する指導監督	指導監督と記録保存	7-1		7-1				7-3		
	事故惹起運転者への特別な指導	7-4		7-2	7-1 7-4				7-1	
	初任運転者への特別な指導	7-3		7-3	7-3	7-2		7-1 7-2	7-3 7-4	7-2 7-3
	高齢運転者に対する特別な指導	7-2		7-4						7-1
運行管理者等の義務	運行管理者の義務			3	2	6		3	2-1	3
	一般貨物自動車運送事業者の義務	2-1 2-2 2-3							2-2 2-3	2
業務の記録	運行記録計による記録	3-2				2-4	6-3		6-2	24-2
事故の報告・速報	装置故障による運行不能事故			5-3		5-4			5-2	
	転覆、転落、火災、鉄道施設等の損傷事故	5-1 5-2	5-1	5-1	5-3		5-4		5-3	5-2
	衝突・負傷者の発生事故	5-3 5-4	5-2 5-4		5-1 5-2 5-4	5-3	5-2 5-3	5-3		5-4
	入院・要医師治療傷害の発生事故		5-1 5-3	5-4			5-2	5-2	5-1	5-1 5-2
	運行管理者又は運転者の措置	28			28				25-1	
事業用自動車に係る記録等の保存期間	事故発生に関する記録と保存期間	3-3	8-4				6-2 6-4			

どうであろうか？　初めに「試しに」と書いたが、25項目に絞ったとはいえ、数が多いのでウンザリしたかもしれない。

そこで、さらに**超頻出の項目**を抜き出してしまおう。ここくらいは最低限、押さえておきたい！

■ 貨運法の超頻出項目 ■

（運行指示書）	運行指示書の作成・変更
（運転者に対する点呼）	乗務前の点呼項目
（運転者に対する点呼）	乗務後の点呼項目
（運転者に対する指導監督）	初任運転者への特別な指導
（事故の報告・速報）	全般的に出題される

このように、過去問を分析していくと頻出の項目が見えてくる。参考書などを読むにあたって、1ページ目から順番に読みほどいていくのもよいが、一覧表も参考に、まずは頻出項目からマスターするのも効率的である。

繰り返し言うが、**合格するためには全問正解する必要はない**。原則として、18問正解すれば、合格できる試験であり、逆に言えば、**12問分はわからなくても合格できる**のだ！

実務に出てからの話は別として、「合格」ということだけを考えると、出題可能性が低い項目を一生懸命に勉強しても、直接的に合格に結びつくものでもないのだ。

3 他の分野の「超」頻出項目も紹介！

では、他の分野における頻出項目は、どうなっているのであろうか？

本書はウラ技本であるし、また、この第1編で言いたいことは「過去問を分析することの重要性」である。さらに言えば、そういった分析に基づいて作成しているんだ！…という皆さんの信頼を得られれば、私の目的は達するので、見るのも嫌になるような長い表は省略して、**ここだけは押さえたい！**…という**「超」頻出項目**だけを紹介するにとどめよう。

■**車両法の超頻出項目**■

（定　義）	車両法の目的
（自動車の登録）	自動車登録番号標の表示
（自動車の日常点検）	適切な時期の点検義務
（自動車の検査等）	自動車検査証の記載事項の変更
（保安基準・細目告示）	後部反射器等の装備義務

　2つ目の分野である車両法では、上記の項目を押さえておくことが必須である。1つ目の「車両法の目的」は、毎回出るわけではないが、何回かに1回は、車両法1条の条文が穴埋め問題として、ほぼそのままの形で出題される（しかも穴にされる文言はほぼ決まっている）ので、落としてしまうのはもったいない。

　そして、**自動車の登録**についての問題はこのところ毎回出題されている項目なので、ここはガッチリ学習しておきたい。
　特に**使用の本拠の位置**を変更した場合や、**滅失・解体**した場合の申請に関する問題は頻出項目となっている。

■道交法の超頻出項目■

（運転者の遵守事項）	歩行者に対する安全確認
（追越しの方法）	トンネル内の追越し・追越しの方法
（交差点等における通行方法）	横断歩道における車両の一時停止義務
（貨物の積載制限）	過積載要求荷主への警察署長の命令
（道交法違反の場合の措置）	事業者・監督行政庁への違反内容の通知

次に、**3つ目の分野である道交法**では、上記に挙げた項目が超頻出だ。特に「**横断歩道における車両の一時停止義務**」と、道交法違反の場合の措置として「**事業者・監督行政庁への違反内容の通知**」が多数出題される。

このうち「**事業者・監督行政庁への違反内容の通知**」とは何のことかと言うと、運転者が、道交法の規定やその規定に基づく**処分**に違反した場合に、その違反が当該車両の**使用者**の業務に関してなされたときには、**公安委員会**が、事業者とその事業を**監督する行政庁**に当該違反内容を通知するという話で、**それだけの話**だ。この知識はよく穴埋め問題として出題されるが、赤字の部分がよく穴になっている。

車両法の分野での「車両法の目的」の穴埋め問題と同じく、穴となる文言もほぼ決まっているので、落とすのはもったいない。**公安委員会**が、**行政庁**に通知する…という部分を押さえていれば、穴にされている部分と周囲の文との関係で正解できる可能性が高いので、ここでお伝えした次第だ。

> このように、頻出項目の中でも「**ここを押さえていれば…**」という**ツボ**がさらにある。実際に功を奏するかは別として、分析することで、精神的に安心できよう。

次に、**4つ目の分野である労働基準法**の超頻出項目だ。

■労働基準法の超頻出項目■

（労働条件）	労働協約等の誠実遵守義務
（休憩・休日等）	有給休暇の付与義務
（改善基準）	拘束時間 〜1ヵ月・数日間・1日バージョン〜
（改善基準）	運転時間・休憩時間例における連続運転の中断方法

何と言ってもこの分野のポイントとなるのは「**拘束時間**」に関する問題であろう。改善基準（という規定）を把握していることが前提であるうえに、各事例への当てはめ等が必要になるので、問題を見ると初学者は不安になるかもしれない。

しかし、これも**出題パターンが決まっている**ので、パターンごとに攻略法を準備しておけば、まず対応できよう。この点は、**第3編で学習（攻略）テクニックを紹介する**ので安心してほしい。

なお、**最後の5つ目の分野である**「**実務上の知識及び能力**」は、**貨運法の知識（点呼など）が出題される**ことも多く、貨運法の学習をしっかり行っておくことで、そのまま対応できる。

また、それ以外の問題については、試験の最後のほうで出題される距離・速さ・時間等を求める計算問題も含めて、**既に身に付けているであろう経験や常識的な判断で正解できる**問題も多い。

ただし、**計算問題については、慣れているか否か…という点は大きい**ので、計算問題だけでも6〜8回分の過去問をつぶしておけば、合格の条件となる2問という最低正解数は取れるはずだ。その点で頻出項目の紹介は省略する。

なお、「実務上の知識及び能力」の分野について、近年は荷扱い指示マークからの出題がない。可能性はゼロではないが、もう無視してよいであろう。

　以上のように、過去問を分析すると頻出項目を抽出できるが、まずはこれらからマスターしてしまうことが、合格への最速運行を、安全で確実なものとしてくれるのだ。

　繰り返しになるが、この第1編はふ〜ん…と読み流していただいても構わない。実際のテクニックを紹介する前の"うんちく"が長くなり恐縮だが、ちゃんと過去問を分析した結果、語っていることはわかっていただけたと思う。
　猪突猛進もよいが（私は否定しない）、方法論を確立することも否定されるいわれはないはずだ。

過去問データ

 各分野の頻出項目は洗い出したので、時間がない場合などには、**まずはここから確実に押さえよ！**

 「実務上の知識及び能力」の分野は、既に身に付いているであろう能力と、**貨運法をしっかり学習しておくことで、合格最低正解数は取れる！**…はずだ。

解法の準備で死角ナシ！

第1編 分析の重要性編

分析 3

試験問題に合わせた解法テクニックの準備で、余計な労力と時間を節約できるぞ！

分析!!

1 解法テクニックの準備を考えたことがあるか？

　ここまでは、過去問を分析する意味と重要性について述べてきたが、ここで「解法テクニック」の準備についても述べておきたい。

　確かに、運行管理者試験（貨物）は他の資格試験と比べても、単純な知識を問うシンプルな問題が多く出題されているので、特定の出題パターンを前提とした解法テクニックを準備しておく必要性は、さほど高くないとも思える。

　しかし、過去問分析の結果より抽出した出題パターンを把握し、どのように解答を導いていくことが最も効率的かということを「一度でも」考えておけば、試験会場でパワーと時間を浪費せずに、余裕をもって正解を導くことができよう。

　つまり、まずは合格する（特に短期間で…）という目的のためには、運行管理者試験（貨物）においても、解法テクニックの準備は、重要な要素であると言えるのだ。

☑ 「いくつ」選ぶかがキモ！　～シンプルゆえに怖い落とし穴～

では、運行管理者試験（貨物）の出題パターンを確認してみよう。
ざっと出題パターンを挙げてみると、だいたい以下のようになる。

> • 誤っているもの、正しいものを **1つ**選べ
> • ○○を要するもの、要しないものを **1つ**選べ
> • 誤っているもの、正しいものを **2つ**選べ
> • 適切なものを**すべて**選べ
> • 文章の空欄に入る正しい字句（語句）を選べ

　上記のほか、これらのパターンにあてはまらない事例問題等も出題される。
改めて挙げると「こんなにあるのか…」と暗い気持ちになるかもしれないが、
その必要はない。どの出題パターンでも結局のところ…

正しいのか、それとも誤っているのか？

…が問われているだけにすぎないのだ。

　これを再確認すれば、事例問題は別として、冒頭の設問文については、「**正
しい（適切な）もの**」と「**誤っている（不適切な）もの**」のどちらかを、
いくつ選べばよいのか？…という点を確認するだけでよい。しかも、その点
について、冒頭の設問文には丁寧にカッコをつけて示されている。

　そして、運行管理者試験（貨物）の出題では、冒頭の設問文に、「○○に
ついての次の記述のうち」などと、**出題テーマ**が書かれているが、解答の
めぼしを付けるために、最初にさらっと確認しておけば、それだけで各選択
肢の確認に入って OK であろう。

　要するに、出題形式はシンプルなのだ。しかし、それゆえに怖い点もある。

正解肢を２つ以上選ばせる問題もよく出る！

…のだ。このように大げさに言うことには意味がある。

　２つ以上の選択肢を選ぶ場合、問題文では「適切（不適切）なものを…」という問い方にされたうえで、ラジオボタンが「適」と「不適」に分かれていれば、仮に勘違いしていたとしても、クリックする際に気が付く可能性がある。

　しかし、本試験ではこのような形式が採られていない。そのため、**「はいはい、正しいものを（１つ）選ぶのね！」**…と早とちりすると、実は正しいものを２つ選ぶ問題であって、答えが出なかったり、読み落としたことで１問を落としたりする可能性もあるのだ。

　そこで、問題文を読むポイントをまとめると、以下のようになる。

① **「正しい（適切な）もの」と「誤っている（不適切な）もの」**を
② **いくつ選ぶ？**
③ **出題テーマの確認（さらっと）**

　なお、平成24年度第１回までは、ほとんどの出題が「誤っているものはどれか」という１択問題で、出題パターンはかなりシンプルであった。それが平成24年度第２回より、「２つ選べ」とか「すべて選べ」といった、様々なパターンが出題され始めたのだ。

　合格率がガクッと下がった原因の１つに、その見落としもあるのではないか？…と考えるくらいだ。

　確かに、正解を２つ以上選ぶとなると、間違える確率は高くなるのだから、合格率が下がるのも当然だが、**問われていることそのものは「正しいのか、誤っているのか？」**だけであるし、**それまでの出題内容と何も変わらない。**この点を再認識するだけでも、意味があることと考える。

「いくつ選ぶか」を確認するのは、**たかだか数秒の話**だ。せっかく多くの時間をかけて勉強したのに、現場で「少しの」確認をはしょったために、不正解となるのはバカバカしいぞ！

3 お手軽な準備で、パニックがなくなる！

　1回でも資格試験を受験した経験がある方は、想像できるかと思うが、試験本番の心理状態は、いつもとは違っているのが普通だ。緊張とはコワイもので、日常の学習時には気にしたことがないような「ささい」なことでも、試験会場ではふと気になることがある。

　ここまで述べてきたように、一度でよいから**過去問を分析し、気が付いたことを再認識**しておくだけで、本番の試験会場で妙な心配ごとやパニックを防げる可能性は高い。さらに、問題文を神経質に読みこんでしまい、時間が奪われることも少なくなるはずである。

　もっと言えば、繰り返し同じような問題が出題される運行管理者試験（貨物）では、一度準備した解法テクニックが、今後もそのまま使える可能性が高いのだ！

　詳しい解法テクニックは後ほど紹介するが、運行管理者試験では、拘束時間を算出する問題や、速さ・距離・時間を算出する計算問題も出る。
　特に拘束時間に関する問題については、どのような出題パターンがあって、それぞれ、どのように対応すべきか…という解法テクニックを自分なりに準備しておくだけで、同様の問題が繰り返される運行管理者試験では、かなり有利になると言えよう。

　これらの意味で、一度、過去問の分析と解法テクニックの準備をしておくことは、とても意味のあることと考えている。

過去問データ

 出題パターンを知ることで、本番での**妙な心配ごとやパニック**を防げる。

 出題パターンを知ることで、問題文を読む際の**時間短縮につ**ながる。

 特に**計算問題系**では、出題パターンの確認と解法テクニックの準備をしておくことで、**対応できる可能性大！**

 コ ラ ム

■**新傾向の問題が出た場合…**

　近年の社会的問題となった事故の影響もあり、運行管理者試験では問題の難化が進んでいると言える。よってこの先、これまで出題されなかったようなパターンの出題もありえよう。

　とはいえ、もし現場でハッとする新傾向の出題があったとしても、**焦ってはいけない**。他の資格試験のケースでも、**過去の合格レベルの知識があれば解ける問題**であることが多く、それを信じて、取りかかってみることが大切だ。

　そして、**万が一わからなくても**…やはり焦ってはいけない。
　原則、**18問取れれば合格**だからである。そのような問題に引きずられて、実力を出し切れないことは避けたいのでコメントしておく。

本書テクニックの上手な使い方！

分析編の最後に、これから本書で
紹介していくテクニックの上手な
利用法を述べておこう。

分析!!

1 自分に必要なテクニックのみを使おう！

　本書では、いよいよ次編より運行管理者試験（貨物）に合格するための様々なテクニックを紹介していくことにする。

　タイトルに「ウラ技合格法」とあるとおり、本書は一般的にある知識を詰め込む参考書ではないし、本試験問題の解説や各法律の解説を目的とするものでもないからだ（多少、突っ込んだ内容に触れる部分はあるが）。

　本書はあくまで、過去問を分析した結果に基づいて、合格するための最短ルートを見つけだし、それを提案する本なので、**パラパラとページをめくっていき、自分にとって「使える！」と感じたテクニックを身に付けてくれればよい**と考えている（そのためにも各種テクニックを項目別に分けて掲載している）。

　「合格への最短ルートを紹介する」というコンセプトで作成した本である以上、皆さんの中で、既に身に付けている有効な学習法や攻略法があるならば、それを修正してしまうのは回り道になってしまうからだ（野球のピッチャーにたとえれば、既にベストに近いピッチング・フォームを身に付けているにもかかわらず、フォームを改造してしまうようなものだ）。

2 あと何問取れれば合格できる？

「合格」を考えると、現状の自分の実力を見極めることも大切だ。

この本を手に取っている皆さんは、まだ合格していないはずだが、実際に受験経験がある人は、その時の正解数を、まだ受験経験がない人は、（過去問を解いてみたことがあると思うが）だいたいの正解できる問題数を思い浮かべつつ、自分に問うてみてほしい。

運行管理者試験（貨物）の合格正解数は、**原則**として **18 問**だ。
自分は、あと何問取れれば、合格できるのであろうか？

合格するために全問正解する必要はない。あと 1 問で合格であれば、その 1 問を取れるような準備をすればよいし、あと 10 問であれば、本書を参考に、基本的な学習から見直していってほしい。

合格直前の実力者 （16 ～ 17 問）	第 2 編のウラ技で 2 ～ 3 問分の学力 UP を狙う。
合格まで、もうひと努力が必要な受験生 （11 ～ 15 問）	①第 2 編のウラ技で 2 ～ 3 問分の学力 UP を狙う。 ②第 3 編の学習テクニックを用いて、さらに 3 ～ 4 問分の学力 UP を狙う。
まだ学習が足りない受験生（10 問以下）	①24 ページから紹介した頻出項目の学習で、4 ～ 5 問分の学力 UP を狙う。 ②第 3 編の学習テクニックを用いて、さらに 3 ～ 4 問分の学力 UP を狙う。 ③第 2 編のウラ技で 2 ～ 3 問分の学力 UP を狙う。

❸ 正攻法とテクニックの両立がベスト！

　一般的な合格者は、地道に参考書や過去問をつぶしていき、知識を高めていくことで合格していく。これが資格試験の王道的な学習法であるし、正攻法である。

　本来は、正攻法で合格していくのがスジであろうし、実際には、私もそのようにして各種資格試験に合格してきた。だからこそ、本書のような参考書の執筆も手がけることができている。

　様々な場面で、実際に合格できない受験生を見ていると、**ほとんどの受験生が知識不足**であることは確かであり、その点で、**ある程度の地道な学習も不可欠**なのである。

　しかし、初めに述べたように、特に社会人受験生は、地道に学習を重ねる時間やパワーがないこともある一方、受験指導を行っていく過程で見えてきたこともある。それを今回、紹介してみようと考えた次第だ。

　地道な学習はしているものの、あと一歩、合格に届かない受験生は、本書を参考に過去問を見つめ直す意味に気が付いてくれれば嬉しいし、これから学習を始めようと考えている受験生は、本書を1つの学習方針のきっかけにしてくれればと考えている。

「地道な努力と本書で紹介するテクニックの融合」

　これが合格への最短ルートであると考えている。
　では、いよいよ各種テクニックを紹介していこう！

出題形式の変化もあり、従来に比べて正解肢を選ぶのに時間もかかる。学習の場面や本試験の場面において、合格のために使えるテクニックは、どんどん利用していこう！

↓

第2編
ウラ技編

これは!!

第1章

問題表現で正解を推測！
....................40

あ…当てはまる!!

第2章

出題パターンで
正解を推測！
....................84

もうかって
マッカ～!!

速攻！

第3章

時間をかせぐウラ技！
....................160

ここから
ウラ技を
紹介しよう！

「限りで（は）ない」は、正しい！

問題文の末尾に「限りで（は）ない」とある場合、正しい選択肢である可能性が高い。このテクニック（ウラ技）の発生原因から考えてみよう。

ラク技

1 何故テクニックが生まれるのか？ ～2つのパターン～

さあ、いよいよここから実際のテクニックを紹介しよう！

まずは、**ウラ技編の第1章**として、**問題文の特定の表現**から、正解を推測するテクニックの類だ。

その第1弾として、**問題文の末尾に「限りで（は）ない」とある場合、その選択肢は、正しい可能性が高い！**…というものだ。

何も難しいことはなく、これだけの話であるが、1つ目なので、何故このようなテクニックが生まれるのかについて述べておきたいと思う。

まず、そもそもこの本で紹介するテクニックは、過去問の分析により導かれた「傾向」と考えていただきたい。このような傾向が生まれる理由については、大きく2つのパターンが考えられる。それは、平たく言うと**「出題者のクセ」**と**「法律のしくみ」**だ。

まず、「**出題者のクセ**」については、平たく言うと…ということで、必ずしもクセだけで片付けられないが、**大事な部分は、意図的に繰り返し出題**していると推測できるからだ。そうであるならば、その意図を汲み取って、再度、同様の問題が出た場合は、正解すべきところであろう。

そして、もう1つの **「法律のしくみ」** についてであるが、例えば、以下の規定を見てほしい。

労働基準法 20 条（解雇の予告）

1項　使用者は、労働者を解雇しようとする場合においては、少くとも 30 日前にその予告をしなければならない。30 日前に予告をしない使用者は、30 日分以上の平均賃金を支払わなければならない。但し、天災事変その他やむを得ない事由のために事業の継続が不可能となつた場合又は労働者の責に帰すべき事由に基いて解雇する場合においては、この限りでない。

　上記は、分野で言うと4つ目の労働基準法の規定だ。なお、労働基準法で出てくる「使用者」は、車を使う人という意味ではなく、雇い主（人を使う人）のことだ。ともかく、この規定を要約・分解してみると…

原則　使用者が労働者を**解雇**する場合、**最低でも 30 日前に予告**する。**予告をしない場合、30 日分の平均賃金を支払う。**

⬇しかし…

例外　やむを得ない事由や、労働者の責任で解雇する場合は、**不要。**

　…となる。これは、突然の解雇は労働者に酷なので、30 日前には予告しておきなさい。それができない場合は、お金を支払いなさい…としつつも、天災等で会社経営が立ち行かなくなったような、やむを得ない場合は、そのような条件はナシでよいですよ…とした規定だ。

　そもそも法律とは、社会生活において問題が起こった場合のため、または、起こらないように、人の権利を制限したり、あらかじめ義務を課したりしておいて、社会生活がスムーズに営めるようにするルールである。しかし、社

会生活で発生する問題といっても、その内容は多種多様だ。

　それにもかかわらず、特定の場合、**一律に「○○しなさい」と規定してしまうと、逆に問題が発生してしまいかねない。**先ほどの労働基準法20条1項を例にすれば、もし本文（但書の前まで）で規定が終わっていた場合、会社のお金を使いこんでいたような従業員でも、使用者が解雇をするには予告が必要になるし、それを怠れば、金銭の支払が発生するのもおかしい話であることはわかろう。

　そこで、**法律は基本的に、原則と例外からつくられている！**…のだ。基本的には○○だけど、やむを得ない場合もあるから、△△だよね…といった具合である。

　そうであるならば、法律の規定に関して、**一切の例外を認めない問題は、必然的に誤りの可能性**が高くなると言える。例外的なケースについてもカバーしている規定が多いからだ。

　そこで話を戻すと、○○の「限りで（は）ない」という問題文（選択肢）の終わり方は、**それに限っていない！　そうじゃない場合もありますよ！**…という**例外の余地**を残す言い回しであり、**正しい選択肢**である可能性が高くなるというわけだ。

　ということで、実際に過去問題においては、どのようになっているか、次ページよりその効果を確認していこう。

> 本書では、基本的に「テクニック紹介」→「実際の本試験（過去）問題でテクニックの効果を確認」→「例外パターンの確認」→「実績データの紹介」という流れで解説を進めていくぞ。

② 本試験問題にトライ！
　では早速、実際の試験問題を見ていこう。

令和2年度第1回　問 ⑲

労働基準法及び労働安全衛生法の定める健康診断に関する次の記述のうち、誤っているものを1つ選び、解答用紙の該当する欄にマークしなさい。なお、解答にあたっては、各選択肢に記載されている事項以外は考慮しないものとする。

1．事業者は、常時使用する労働者を雇い入れるときは、当該労働者に対し、労働安全衛生規則に定める既往歴及び業務歴の調査等の項目について医師による健康診断を行わなければならない。ただし、医師による健康診断を受けた後、3ヵ月を経過しない者を雇い入れる場合において、その者が当該健康診断の結果を証明する書面を提出したときは、当該健康診断の項目に相当する項目については、この限りでない。

この**選択肢1**の末尾に「限りでない」とある。ということは、**正しい選択肢**である可能性が高く、**実際にそうだ**。

本当に正しいのかを確認しておくと、この問題は、**労働安全衛生規則43条の条文をそのまま抜き出したような問題**である。

つまり、事業者は、労働者を雇い入れるときは、当該労働者に対し、**医師による健康診断**を行わなければならない。労働安全衛生規則に定められている健康診断項目は11項目あり、原則として、健康診断の省略はもちろん、検査項目の省略も認められていない。

しかし、健康診断を受けてから**3ヵ月**を経過していない者を雇い入れる場合で、当該健康診断の結果を提出したときは、その項目の健康診断を**省略できる**とされている。3ヵ月を経過していなければその健康診断の結果を利用することができるという意味では、健康診断の実施義務の**例外的な規定**といえるだろう。

では次の問題を見てみよう。

道路運送車両法の自動車の登録等についての次の記述のうち、誤っているものを1つ選び、解答用紙の該当する欄にマークしなさい。なお、解答にあたっては、各選択肢に記載されている事項以外は考慮しないものとする。

4．何人も、国土交通大臣若しくは封印取付受託者が取付けをした封印又はこれらの者が封印の取付けをした自動車登録番号標は、これを取り外してはならない。ただし、整備のため特に必要があるときその他の国土交通省令で定めるやむを得ない事由に該当するときは、この限りでない。

やはり、この**選択肢4も正しい！**

これは、車両法11条5項の規定どおりの内容であり、知っていれば、すぐに判断できる問題でもあろう。

では、次の問題はどうか。

道路交通法に定める灯火及び合図等についての次の記述のうち、【正しいものを2つ】選びなさい。なお、解答にあたっては、各選択肢に記載されている事項以外は考慮しないものとする。

1．車両等は、夜間（日没時から日出時までの時間をいう。）、道路にあるときは、道路交通法施行令で定めるところにより、前照灯、車幅灯、尾灯その他の灯火をつけなければならない。ただし、高速自動車国道及び自動車専用道路においては前方200メートル、その他の道路においては前方50メートルまで明りょうに見える程度に照明が行われているトンネルを通行する場合は、この限りではない。

この選択肢1も正しい！　これは「限りではない」のパターンだ。
念のため、条文を確認しておこう。

> 　道路交通法52条1項には、「車両等は、夜間（日没時から日出時までの時間をいう。）、道路にあるときは、政令で定めるところにより、前照灯、車幅灯、尾灯その他の灯火をつけなければならない。」と規定されている。また、同法施行令18条1項には、「車両等は、道路交通法52条1項前段の規定により、夜間、道路を通行するとき（高速自動車国道及び自動車専用道路においては前方**200メートル**、その他の道路においては前方**50メートル**まで**明りょうに見える程度に照明が行われているトンネルを通行する場合を除く。**）は、次の各号に掲げる区分に従い、それぞれ当該各号に定める灯火をつけなければならない（以下略）。」と規定されている。

さらに、次の問題も見てみよう。

 平成30年度第1回　問⑬

道路交通法に定める車両通行帯等についての次の記述のうち、誤っているものを1つ選び、解答用紙の該当する欄にマークしなさい。なお、解答にあたっては、各選択肢に記載されている事項以外は考慮しないものとする。

3．車両（トロリーバスを除く。）は、車両通行帯の設けられた道路を通行する場合を除き、自動車は道路の左側に寄って、当該道路を通行しなければならない。ただし、追越しをするとき、法令の規定により道路の中央若しくは右側端に寄るとき、又は道路の状況その他の事情によりやむを得ないときは、この限りでない。

そして、この**選択肢3も正しい！**

3 例外パターンもチェック！

　法律に原則と例外があるように、残念ながら、このテクニックにも例外がある…。実際の過去問で確認しておこう。

> **令和2年度CBT出題例** 問 **8**
>
> **一般貨物自動車運送事業者（以下「事業者」という。）の運行管理者の選任等に関する次の記述のうち、【誤っているものを1つ】選びなさい。なお、解答にあたっては、各選択肢に記載されている事項以外は考慮しないものとする。**
>
> 4．事業者は、新たに選任した運行管理者に、選任届出をした日の属する年度（やむを得ない理由がある場合にあっては、当該年度の翌年度）に基礎講習又は一般講習（基礎講習を受講していない当該運行管理者にあっては、基礎講習）を受講させなければならない。ただし、他の事業者において運行管理者として選任されていた者にあっては、この限りでない。

　残念ながら、**この選択肢4は誤っている。**

　通達「貨物自動車運送事業輸送安全規則の解釈及び運用について」23条2.によると、他の事業者において運行管理者として選任されていた者であっても**当該事業者において運行管理者として選任されたことがなければ新たに選任した運行管理者とされる**旨が規定されているからである。正確な知識があればスムーズに解ける問題だが、テクニックに頼りすぎると痛い目を見ることになってしまうので、注意しておこう。

　平成20年度以降で言えば、このテクニックの**例外となった（つまり、誤っている）選択肢は9つしかなく、そのうち5つが労働基準法関係**で、残りの4つは**道交法関係2つと貨運法関係が2つ**である。

　もう1つ確認してみよう。

令和2年度第2回　問⑰

道路交通法に定める運転者及び使用者の義務等についての次の記述のうち、**正しいものを2つ選び**、解答用紙の該当する欄にマークしなさい。なお、解答にあたっては、各選択肢に記載されている事項以外は考慮しないものとする。

4．自動車の運転者は、故障その他の理由により高速自動車国道等の本線車道若しくはこれに接する加速車線、減速車線若しくは登坂車線（以下「本線車道等」という。）において当該自動車を運転することができなくなったときは、政令で定めるところにより、当該自動車が故障その他の理由により停止しているものであることを表示しなければならない。ただし、本線車道等に接する路肩若しくは路側帯においては、この限りでない。

道交法75条の11第1項によると、自動車の運転者は、**路肩若しくは路側帯**において当該自動車を運転することができなくなったときは、当該自動車が故障その他の理由により停止しているものであることを**表示しなければならない**と規定されている。そのため、本選択肢は誤りとなるのだ。

以上のように、このテクニックにも例外はあるが、なかなかの高確率で該当するテクニックである。**問題を読んでもわからない場合などには、「限りでない」と末尾にあれば、やみくもに解答してしまうよりも、正しい選択肢と判断した方が正解する確率が上がる**ので、参考にしてみてほしい。

過去問データ

問題文の末尾に「限りでない」が使われている選択肢は、過去29回（870問）において、約74%（35肢中26肢）が正しい！

第2編 ウラ技編

テクニック 2

「ただし」以下は、ほぼ正しぃ～！その選択肢自体も正しぃ～！

理屈で説明できるテクニックではないが、これに従うと「ただし」以下の文章（または選択肢自体）の正誤が判断できる！

必殺技

1 理屈で説明できるテクニックばかりではない。

　ここまでは、法律の「原則と例外」論から説明できるテクニックを紹介してきたが、今回はそうではなく、**過去問からデータを取ってみると、どういうわけだか、そうなっている**…というテクニックである。

　しかし、**かなりの高確率で該当している**テクニックであり、判断に迷った場合の必殺技として紹介させていただこう。

　早速、内容に入るがシンプルなテクニックだ。**問題文中に「ただし」と例外事由の話が出てきた場合、その「ただし」以下の問題文、及び、その選択肢自体が、ほぼ、ただしい!!（正しい）**…のだ。

　"ほぼ"というのは最後にデータで紹介するが、**平成20年度以降、100回以上「ただし…」という問題文が出題されているうち、「ただし」書き以降の文章に誤りが含まれているものは、15回のみなのである！**

> 問題文が「○○である。ただし…」というように、原則→例外というパターンでくると、誤りが含まれていそうな気がしてくる。しかし、その裏をかいている…ということなのであろうか。

2 本試験問題にトライ！

ここはとやかく語らずに、実際に過去問を見たほうが早い。

令和4年度CBT出題例 問 ⑲

労働基準法（以下「法」という。）に定める労働時間及び休日等に関する次の記述のうち、【誤っているものを1つ】選びなさい。なお、解答にあたっては、各選択肢に記載されている事項以外は考慮しないものとする。

3．使用者は、労働者に対して、毎週少くとも1回の休日を与えなければならない。ただし、この規定は、4週間を通じ4日以上の休日を与える使用者については適用しない。

グレーにしてある部分が該当箇所だ。問題文の途中に「ただし」とあり、その後に「この規定は、4週間を通じ…」と文章が続く。

要するに、この「ただし」以下の文章は正しい。さらに、この選択肢が誤っているケースがほぼないという話である。**実際にこの選択肢のただし書き以下の文章も、この選択肢自体も正しい。**

　念のため確認しておくと、この**選択肢3は、労働基準法35条の条文をそのまま抜き出したような問題**である。
　同条には、「使用者は、労働者に対して、毎週少くとも1回の休日を与えなければならない」（労働基準法35条1項）。「前項（35条1項）の規定は、4週間を通じ4日以上の休日を与える使用者については**適用しない**」（同条2項）と規定されている。
　以上より、本選択肢は条文そのままの出題であることから、正しい。

ちなみに**令和3年度CBT出題例**でも**令和2年度CBT出題例**でも、問19選択肢3は**全く同じ出題**であった。

では、次の問題も見てみよう。

労働基準法（以下「法」という。）に定める労働時間及び休日等に関する次の記述のうち、<u>誤っているもの</u>を１つ選び、解答用紙の該当する欄にマークしなさい。なお、解答にあたっては、各選択肢に記載されている事項以外は考慮しないものとする。

２．使用者は、災害その他避けることのできない事由によって、臨時の必要がある場合においては、行政官庁の許可を受けて、その必要の限度において法に定める労働時間を延長し、又は休日に労働させることができる。ただし、事態急迫のために行政官庁の許可を受ける暇がない場合においては、事後に遅滞なく届け出なければならない。

やはり、このただし書き以下の文章には、誤りがない！
そして、この選択肢２自体も、正しいのだ！

労働基準法33条１項は、「災害その他避けることのできない事由によつて、臨時の必要がある場合においては、使用者は、行政官庁の許可を受けて、その必要の限度において第32条から前条まで若しくは第40条の労働時間を延長し、又は第35条の休日に労働させることができる。ただし、事態急迫のために行政官庁の許可を受ける暇がない場合においては、事後に遅滞なく届け出なければならない」と規定している。

つまり、これも条文そのままの選択肢である。

なお、全く同じ選択肢が、平成30年度第２回の問19の選択肢３や、平成28年度第２回の問19の選択肢１として出題されている。

労働基準法及び労働安全衛生法の定める健康診断に関する次の記述の

うち、**誤っているものを 1 つ選び**、解答用紙の該当する欄にマークしなさい。なお、解答にあたっては、各選択肢に記載されている事項以外は考慮しないものとする。

1．事業者は、常時使用する労働者を雇い入れるときは、当該労働者に対し、労働安全衛生規則に定める既往歴及び業務歴の調査等の項目について医師による健康診断を行わなければならない。ただし、医師による健康診断を受けた後、3ヵ月を経過しない者を雇い入れる場合において、その者が当該健康診断の結果を証明する書面を提出したときは、当該健康診断の項目に相当する項目については、この限りでない。

このただし書き以下の文章は正しいし、選択肢 1 自体も正しい。

ちなみに、この問題は p.43 でも紹介したように、テクニック 1 を使っても、選択肢の正誤は導ける。2 つとも覚えておいて損はないテクニックである。

さて、どんどん見ていこう。

令和 2 年度 CBT 出題例 問 ⑫

道路運送車両の保安基準及びその細目を定める告示についての次の記述のうち、【誤っているものを 1 つ】選びなさい。なお、解答にあたっては、各選択肢に記載されている事項以外は考慮しないものとする。

3．自動車（法令に規定する自動車を除く。）の後面には、他の自動車が追突した場合に追突した自動車の車体前部が突入することを有効に防止することができるものとして、強度、形状等に関し告示で定める基準に適合する突入防止装置を備えなければならない。ただし、告示で定める構造の自動車にあっては、この限りでない。

本問は分野でいうと、**車両法関係**の問題だ。
そして、このただし書き以下の文章は正しいし、**選択肢 3 自体も正しい**。

ここも実質的に条文どおりの内容なので、申し訳ないが解説は省略させていただく。要するに、上記の問題文と同趣旨の内容が保安基準18条の2第3項に規定されているということだ。次の問題にいこう。

令和4年度CBT出題例　問 ⑭

道路交通法に定める灯火及び合図等についての次の記述のうち、【正しいものを2つ】選びなさい。なお、解答にあたっては、各選択肢に記載されている事項以外は考慮しないものとする。

1．車両等は、夜間（日没時から日出時までの時間をいう。）、道路にあるときは、道路交通法施行令で定めるところにより、前照灯、車幅灯、尾灯その他の灯火をつけなければならない。ただし、高速自動車国道及び自動車専用道路においては前方200メートル、その他の道路においては前方50メートルまで明りょうに見える程度に照明が行われているトンネルを通行する場合は、この限りではない。

この選択肢1のただし書き以下の文章も正しく、選択肢自体も正しい！

　ちなみに、内容を確認しておくと、**道交法52条1項及び同法施行令18条1項**に本肢と同一の内容が規定されている。
　車両等が夜間に道路を通行するときの原則と例外規定をそれぞれ押さえておけば、問題なく解けるレベルの選択肢といえるだろう。ただし、細かいところまで覚え切れていない場合もあるので、そうしたときには、遠慮なくこのテクニックを使っていただきたい。

　ちなみに、この問題はp.45でも紹介したように、テクニック1を使っても正答が導ける。

令和 2 年度第 1 回 問 **21**（改題）

「自動車運転者の労働時間等の改善のための基準」（以下「改善基準告示」という。）に関する次の記述のうち、<u>正しいものを 2 つ選び</u>、解答用紙の該当する欄にマークしなさい。なお、解答にあたっては、各選択肢に記載されている事項以外は考慮しないものとする。

1. 使用者は、貨物自動車運送事業に従事する自動車運転者（以下「トラック運転者」という。）の拘束時間については 1 ヵ月について 284 時間、1 年について 3,300 時間を超えないものとすること。ただし、労使協定があるときは、1 年のうち 6 ヵ月までは、1 ヵ月について 310 時間まで延長することができ、かつ、1 年について 3,400 時間まで延長することができる。

　やはり、ここでもただし書き以下の文章は、正しい！
　法改正に伴い、一部問題を変更しているが、元の選択肢は改善基準どおりのものであった。つまり、**選択肢自体も正しい！**

≪≪ **バージョン 1** ≫≫

**選択肢中に「ただし」書きがある問題において、
その「ただし」書き以降の文章は、正しい可能性が高い!!**

≪≪ **バージョン 2（進化型）** ≫≫

**選択肢中に「ただし」書きがある問題は、
その選択肢自体も正しい可能性が高い!!**

3 例外パターンもチェック！

「ただし」…このテクニックにも例外はあるわけで、その点は、触れておかねばならない。実際の過去問を見ておこう。

令和2年度第2回 問17

道路交通法に定める運転者及び使用者の義務等についての次の記述のうち、**正しいものを2つ選び**、解答用紙の該当する欄にマークしなさい。なお、解答にあたっては、各選択肢に記載されている事項以外は考慮しないものとする。

4．自動車の運転者は、故障その他の理由により高速自動車国道等の本線車道若しくはこれに接する加速車線、減速車線若しくは登坂車線（以下「本線車道等」という。）において当該自動車を運転することができなくなったときは、政令で定めるところにより、当該自動車が故障その他の理由により停止しているものであることを表示しなければならない。ただし、本線車道等に接する路肩若しくは路側帯においては、この限りでない。

残念ながら、この**選択肢4**のただし書き以下の文章は、**誤っている**。

道交法75条の11第1項によると、自動車の運転者は、故障その他の理由により本線車道若しくはこれに接する加速車線、減速車線若しくは登坂車線又はこれらに接する**路肩若しくは路側帯**において**当該自動車を運転することができなくなったとき**は、政令で定めるところにより、当該自動車が故障その他の理由により**停止しているものであることを表示しなければならない**と規定されている。

なお、お気づきの方がいるかもしれないが、本選択肢はテクニック1でも例外となる特殊なパターンとして紹介している。

もう1問、例外を見ておこう。

令和2年度第1回　問 8 （改題）

一般貨物自動車運送事業者が運転者に記録させる業務の記録についての次の記述のうち、<u>誤っているもの</u>を1つ選びなさい。なお、解答にあたっては、各選択肢に記載されている事項以外は考慮しないものとする。

4．事業用自動車に係る運転者等の業務について、車両総重量が8トン以上又は最大積載量が5トン以上の普通自動車である事業用自動車の運行の業務に従事した場合にあっては、「貨物の積載状況」を「業務の記録」に記録させなければならない。ただし、当該業務において、法令の規定に基づき作成された運行指示書に「貨物の積載状況」が記載されているときは、「業務の記録」への当該事項の記録を省略することができる。

結論から書いてしまうと、この**選択肢4のただし書き以下の文章は誤っ**ている。

　安全規則8条1項6号イによると、一般貨物自動車運送事業者は、事業用自動車に係る運転者等の業務について、運転者等が車両総重量が8トン以上又は最大積載量が5トン以上の普通自動車である事業用自動車の運行の業務に従事した場合にあっては、「**貨物の積載状況**」を「**業務の記録**」に記録させなければならない。また、同条2項によると、一般貨物自動車運送事業者は、同条1項の規定により記録すべき事項について、**運転者等ごとに記録させることに代え**、保安基準48条の2第2項の規定に適合する**運行記録計により記録することができる**。本選択肢ただし書きのように、運行指示書への記載によって「**業務の記録**」への記録を省略することができるという規定はないので、**誤っている**というわけだ。

ちなみに、最近ではあまり見かけなくなったが、以前は「ただし書き以下の文章は正しいが、それ以外の場所に誤った記述がある」という選択肢も散見された。やや例外的なパターンだが、今後も出題される可能性があるということだけは、頭に入れておいてほしい。

　以上のように、このテクニックにも例外があるわけだが、下で紹介しているように、かなりの確率で該当するテクニックである。

ということは、問題を読んでもわからない場合など、やみくもに解答してしまうよりも、過去のデータを踏まえたうえで、問題文に「ただし」書きがある場合は、正しい選択肢と判断した方が正解する確率がぐ～んと上がると言えるので、参考にしてみてほしい。

過去問データ

✌ 問題文中に「ただし」書きが使われている選択肢において、その「ただし」書き以下の文章は、過去29回（870問）において、約88%（129肢中113肢）が正しい！

✌ 問題文中に「ただし」書きが使われている選択肢は、過去29回（870問）において、約84%（129肢中109肢）が正しい！

第2編 ウラ技編

テクニック 3

末尾が「することができる」は、正しい！

このウラ技は少し使い方が繊細なので、チョイ技とさせていただく。

チョイ技

■ 「することができる」は言い回しの妙 !?

末尾が「○○した」ではなく「することができる」とくると、正しい確率が高い選択肢となるので、紹介しておこう。

このテクニックも基本的には、**過去問からデータを取ってみると、そうなっている**という類のものだが、多少の理屈は付けられる。

つまり、既に述べたように、法律は原則と例外から成り立っているのが通常である以上、「できる」というように可能性を匂わせる表現は、正しい可能性が高いのだ。

これを逆に言えば、可能性を一切否定する表現は、誤っている可能性が高い。

ともかく、「○○しなければならない」わけではないが、行いたければ「○○することができる」という、やわらかい言い回しが末尾にきていれば、**間違いではないよね〜**という結果になることが、多々あるということなのである。

なお、**このテクニックが使える確率は70％程度**であり、また、**使い方が少し繊細なので**、困った場合の1つの傾向と考えていただきたい。

その「少し繊細」とは、出題者のクセが原因なのかは不明だが、「〇〇することができる」ではなくて、「〇〇ことができる」と末尾にきた場合、つまり、「する」と付いていない場合は、正しい選択肢となる確率が下がってしまうのだ…。

この理由で、このテクニックは「ふ〜ん」と箸休め程度に、読み流していただいても構わない。

とにもかくにも、「することができる」とくれば、正しい可能性が 70% 程度あるわけで、無視できない傾向であろう。

2 本試験問題にトライ！

では、実際に過去問を確認していこう。

令和2年度第2回 問 **8**

一般貨物自動車運送事業者（以下「事業者」という。）の貨物の積載等に関する次の記述のうち、誤っているものを 1 つ選び、解答用紙の該当する欄にマークしなさい。なお、解答にあたっては、各選択肢に記載されている事項以外は考慮しないものとする。

4．国土交通大臣は、事業者が過積載による運送を行ったことにより、貨物自動車運送事業法の規定による命令又は処分をする場合において、当該命令又は処分に係る過積載による運送が荷主の指示に基づき行われたことが明らかであると認められ、かつ、当該事業者に対する命令又は処分のみによっては当該過積載による運送の再発を防止することが困難であると認められるときは、当該荷主に対しても、当該過積載による運送の再発の防止を図るため適当な措置を執るべきことを勧告することができる。

やや長めの選択肢だが、テクニックを使えば、この**選択肢 4 は正しい**ということがすぐに分かる。

念のため確認しておくと、これは**貨運法64条1項の規定**をほぼそのまま出題したものであり、**平成28年度第2回問8（選択肢2）**でも全く同じ内容が出題されている。今後も出題される可能性がある選択肢であり、出題されたときには少しでも解答時間を短縮できるように、テクニックを上手く使ってほしい。

では、次の問題も見てみよう。

令和2年度第1回　問⓭

道路交通法に定める車両の交通方法等についての次の記述のうち、誤っ
ているものを1つ選び、解答用紙の該当する欄にマークしなさい。なお、
解答にあたっては、各選択肢に記載されている事項以外は考慮しない
ものとする。

1. 車両は、車両通行帯の設けられた道路においては、道路の左側端
   から数えて1番目の車両通行帯を通行しなければならない。ただし、
   自動車（小型特殊自動車及び道路標識等によって指定された自動車
   を除く。）は、当該道路の左側部分（当該道路が一方通行となってい
   るときは、当該道路）に3以上の車両通行帯が設けられているときは、
   政令で定めるところにより、その速度に応じ、その最も右側の車両
   通行帯以外の車両通行帯を通行することができる。

2. 車両等は、踏切を通過しようとするときは、踏切の直前（道路標
   識等による停止線が設けられているときは、その停止線の直前。以
   下同じ。）で停止し、かつ、安全であることを確認した後でなければ
   進行してはならない。ただし、信号機の表示する信号に従うときは、
   踏切の直前で停止しないで進行することができる。

　この問題では、2つの選択肢で「することができる」が使われているが、
結論として**これらは2つとも正しい！**

本問は「誤っているものを１つ」選ぶ問題であるので、仮に、道交法についての知識がなかった場合でも（それは避けたいが…）、上の判断で４つの選択肢中２つを削ってしまい、正解する確率を２分の１まで上げることができるのだ。

念のため解説しておくと、**選択肢１は道交法20条１項、選択肢２は道交法33条１項**により正しい。

なお、選択肢１については平成30年度第１回問13（選択肢1）、平成27年度第２回問14(選択肢2)において、全く同じ内容が出題されている。テクニックと併せて、知識も確実に押さえておこう。

では、次の問題だ。あえて全選択肢を紹介する。

令和４年度CBT出題例 問 10（改題）

自動車の検査等についての次の記述のうち、【正しいものを２つ】選びなさい。なお、解答にあたっては、各選択肢に記載されている事項以外は考慮しないものとする。

1．自動車は、指定自動車整備事業者が継続検査の際に交付した有効な保安基準適合標章を表示している場合であっても、自動車検査証を備え付けなければ、運行の用に供してはならない。
2．自動車の使用者は、継続検査を申請する場合において、道路運送車両法第67条（自動車検査証記録事項の変更及び構造等変更検査）の規定による自動車検査証の変更記録の申請をすべき事由があるときは、あらかじめ、その申請をしなければならない。
3．国土交通大臣は、一定の地域に使用の本拠の位置を有する自動車の使用者が、天災その他やむを得ない事由により、継続検査を受けることができないと認めるときは、当該地域に使用の本拠の位置を有する自動車の自動車検査証の有効期間を、期間を定めて伸長する旨を公示することができる。

4. 自動車に表示されている検査標章には、当該自動車の自動車検査証の有効期間の起算日が表示されている。

ここでも「することができる」は正しい！

もはや説明は不要だと思うが、**選択肢3の末尾に「することができる」**がある。このフレーズが出てくると**正しい選択肢である可能性が高い**のだ。

本問は「正しいものを2つ」選ぶ問題であるので、あと1つ選択できればよい。つまり、先の問題と同じく、**正解する確率を2分の1まで上げることができる。**

ちなみに本問は**選択肢2**と**選択肢3**が正しい。

念のため、**正解肢となる選択肢3**を確認しておくと、道路運送車両法61条の2第1項では、「国土交通大臣は、**一定の地域に使用の本拠の位置を有する自動車の使用者が、天災その他やむを得ない事由により、継続検査を受けることができない**と認めるときは、当該地域に使用の本拠の位置を有する**自動車の自動車検査証の有効期間を、期間を定めて伸長する旨を公示することができる。**」と規定している。

つまり、この選択肢3は、同条の自動車検査証の有効期間についての規定そのままの内容であり、**正しい**のだ。

なお、**令和3年度CBT出題例の問10選択肢1**も、この選択肢3と全く同じ問題である。

ということで、以上のように、ほんの少しだけ問題文末尾を意識することで、お手軽に正解「することができる」かもしれない。

❸ 例外パターンもチェック！

さて、若干このテクニックの該当する確率が低いということは、既に述べたところである以上、例外パターンも確認しておかねばならない。

平成 30 年度第 1 回 問 ❹

貨物自動車運送事業の事業用自動車の運転者に対する点呼に関する次の記述のうち、<u>正しいものをすべて選び</u>、解答用紙の該当する欄にマークしなさい。なお、解答にあたっては、各選択肢に記載されている事項以外は考慮しないものとする。

4．運転者が所属する営業所において、アルコール検知器により酒気帯びの有無について確認を行う場合には、当該営業所に備えられたアルコール検知器を用いて行わなければならないが、当該アルコール検知器が故障等により使用できない場合は、当該アルコール検知器と同等の性能を有したものであれば、当該営業所に備えられたものでなくてもこれを使用して確認することができる。

例外パターンということで、**この選択肢 4 は、誤っている。**

　安全規則 7 条 4 項によると、酒気帯びの有無について確認を行う場合には、**当該営業所に備えられた**アルコール検知器を用いて行わなければならないとされている。

　また、事業者はアルコール検知器を**常時有効に保持しなければならない**とされており、そもそも、アルコール検知器が故障等により使用できないということ自体が大きな問題といえる。

「営業所に備えられたアルコール検知器でなくても大丈夫でしょ…」と思いたくなる気持ちは分かるが、安全規則に違反するようなことは許されない。しっかりと覚えておこう。ちなみに、**平成 26 年度第 2 回問 4（選択肢 4）**においても、同様の出題がされている。

令和 2 年度 CBT 出題例　問 ⑬

道路交通法に定める車両の交通方法等についての次の記述のうち、**【誤っているものを 1 つ】**選びなさい。なお、解答にあたっては、各選択肢に記載されている事項以外は考慮しないものとする。

2．一般乗合旅客自動車運送事業者による路線定期運行の用に供する自動車（以下「路線バス等」という。）の優先通行帯であることが道路標識等により表示されている車両通行帯が設けられている道路においては、自動車（路線バス等を除く。）は、路線バス等が後方から接近してきた場合に当該道路における交通の混雑のため当該車両通行帯から出ることができないこととなるときであっても、路線バス等が実際に接近してくるまでの間は、当該車両通行帯を通行することができる。

残念ながら、この**選択肢 2** は、誤っている。

　道交法 20 条の 2 第 1 項によると、**路線バス等の優先通行帯であることが道路標識等により表示されている車両通行帯が設けられている道路**においては、自動車（路線バス等を除く。）は、路線バス等が後方から接近してきた場合に当該道路における交通の混雑のため当該車両通行帯から出ることができなくなるときは、当該車両通行帯を**通行してはならない**とされている。

考えてみれば当然だが、路線バスが近づいてきているにもかかわらず、渋滞により車両通行帯から出られなくなれば、路線バスの走行を妨げることになってしまう。

では、次の問題ではどうか。

労働基準法（以下「法」という。）に定める労働契約に関する次の記述のうち、**正しいものを2つ選び**、解答用紙の該当する欄にマークしなさい。なお、解答にあたっては、各選択肢に記載されている事項以外は考慮しないものとする。

4．労働者は、労働契約の締結に際し使用者から明示された賃金、労働時間その他の労働条件が事実と相違する場合においては、少くとも30日前に使用者に予告したうえで、当該労働契約を解除することができる。

労働基準法15条1項及び2項によると、労働者は、労働契約の締結に際し使用者から明示された賃金、労働時間その他の労働条件が事実と相違する場合においては、**即時に**当該労働契約を**解除することができる**。

つまり、「少くとも30日前に使用者に予告」する必要はないのだ！ よって、この**選択肢4は、誤っている**。

ちなみに、**平成30年度第1回問18**（選択肢3）においても全く同じ内容が出題されているので、確認しておいてほしい。

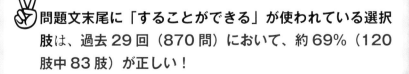

過去問データ

✌問題文末尾に「**することができる**」が使われている選択肢は、過去29回（870問）において、約**69%**（120肢中83肢）が正しい！

第2編 ウラ技編

テクニック 4

問題文中の「合意」「同意」は、誤っている！

問題文中に「合意」や「同意」が含まれる選択肢は誤っている可能性が高い！

チョイ技

1 役立つテクニックの紹介

ここでは頻出ではないものの、知っておくことで解答にとても役立つテクニックを紹介したいと思う。そのテクニックとは…

問題文中に「同意」や「合意」が含まれれば、その選択肢は**誤り**！

…というものだ。

上記のテクニックについては、ん？…と思うかもしれないが、まさにそのままで、**問題文中に「合意」や「同意」という言葉が含まれていれば、誤っている！**…というだけの話である。

なお、このテクニックは労働基準法の分野でのみ出題履歴があり、出題回数はあまり多いわけではない。ただ、**2～3年に1度**くらいのペースで、このテクニックを活かせるような出題があることも事実だ。

「たかが1問」と侮るなかれ。本試験では、30問中18問以上取れれば合格であり、17問以下なら不合格なのだ。しかも、この基準は難易度にかかわらず、常に一定である。しかも、各分野には基準点が設けられている（労

65

働基準法分野であれば、1問以上の正解が必須である）ことを考え合わせれば、本試験における「1問」の価値の大きさが分かるはずだ。

このテクニックを軽視したばかりに、本試験で1問足りず涙を呑む…などという悲しいことにはならないでほしい。そのためにも、このテクニックはしっかりとマスターし、本試験で使える状態にしておいてほしいと思う。

…と前置きがやや長くなってしまった。

これ以上の解説の必要もないであろうし、実際の問題を見たほうが早いので、早速、両者の過去問を検討していこう。

② 本試験問題にトライ！

まずはこの問題を見てみよう。

令和2年度第2回　問 ⑱

労働基準法（以下「法」という。）の定めに関する次の記述のうち、誤っているものを1つ選び、解答用紙の該当する欄にマークしなさい。なお、解答にあたっては、各選択肢に記載されている事項以外は考慮しないものとする。

2．法で定める労働条件の基準は最低のものであるから、労働関係の当事者は、当事者間の合意がある場合を除き、この基準を理由として労働条件を低下させてはならないことはもとより、その向上を図るように努めなければならない。

　労働基準法では、この法律で定める労働条件の基準は最低のものであるから、労働関係の当事者は、この基準を理由として、労働条件を低下させてはならないし、その向上を図るように努めなければならないと規定している（同法1条2項）。

そして、この基準に達しない労働条件を定める労働契約は、その部分については**無効**となる旨を規定しているので（同法 13 条前段）、当事者間で合意をすれば、労働条件を低下させることができるとする**本選択肢は誤っている**。

次の問題も見てみよう。

平成 30 年度第 1 回 **問** **⑲**

労働基準法に定める就業規則についての次の記述のうち、**誤っているものを 1 つ選び**、解答用紙の該当する欄にマークしなさい。なお、解答にあたっては、各選択肢に記載されている事項以外は考慮しないものとする。

3. 使用者は、就業規則の作成又は変更について、当該事業場に、労働者の過半数で組織する労働組合がある場合においてはその労働組合、労働者の過半数で組織する労働組合がない場合においては労働者の過半数を代表する者と協議し、その内容について同意を得なければならない。

　使用者は、就業規則の作成又は変更について、当該事業場に、労働者の過半数で組織する労働組合がある場合においてはその労働組合、労働者の過半数で組織する労働組合がない場合においては労働者の過半数を代表する者の**意見を聴かなければならない**と規定している（労働基準法 90 条 1 項）。**意見を聴けばよい**のであり、同意を得なければならないとしている点において、**本選択肢は誤っている**。

　もっと言えば、使用者が就業規則等を作成・変更する際、労働者の過半数の代表者の同意を得ることまでを要求することは、事業の円滑な運営に支障をきたしかねない。

もう1問、見てみよう。

令和4年度CBT 出題例 問 18

労働基準法（以下「法」という。）に定める労働契約等についての次の記述のうち、【正しいものを2つ】選びなさい。なお、解答にあたっては、各選択肢に記載されている事項以外は考慮しないものとする。

1．使用者は、労働者の同意が得られた場合においては、労働契約の不履行について違約金を定め、又は損害賠償額を予定する契約をすることができる。

この**選択肢1も誤りだ！**

　労働基準法16条によると、使用者は、労働契約の不履行について違約金を定め、又は損害賠償額を予定する契約を**してはならない**とされている。つまり、労働者の同意の有無にかかわらず、これらの契約をすることは**絶対的に禁止されているのだ！**

　なお、前述のとおり、これらの「合意」や「同意」を含む誤りの選択肢については、**労働基準法関係の分野で集中的に出題されている。**

　そのうち「合意」について、そもそも労働基準法の目的は、**人間に値する生活のために必要となる労働条件を労働者に確保すること**にあるものの、実際の現場では、使用者と労働者の力関係から、法に定められているよりも**低い労働条件を定める合意**（労働契約）がなされることが多い。

　また、66ページの**令和2年度第2回試験**の問18（選択肢2）は次のテクニック5も含んでいる**合わせ技のようなもの**だった。なお、テクニック5については72ページを確認してほしい。

コ ラ ム

■「合意」と「同意」の違い

　読者の方の中には「そもそも『合意』と『同意』って何が違うの？」と思っている方もいるだろう。そこで、やや本筋とはズレてしまうかもしれないが、「合意」と「同意」の違いを簡単に解説してみたい。

　まず、「合意」とは、「**互いの意思が一致**すること」という意味である。ポイントは、「**関係者全員が同じ立場に立っている**」という点だ。「同意」の場合は関係者の立場に差がある場合が基本的だが、「合意」の場合はそれとは違い、立場に上下などの差はないのが通常である。

　一方、「**同意**」は、一般的に「他人の意見などに対して**賛成**すること」という意味で使われる。「合意」との違いは、前述のように「関係者の立場」にある。「合意」が、全員が等しい立場に立っていることを前提としていたのに対し、「同意」は、**一方が片方の意見などを聞き入れる立場**となっている。つまり、「同意」は基本的に受け身の言葉といえるのだ。

過去問データ

問題文中に「合意」や「同意」が含まれている選択肢は、過去29回（870問）において、100％（14肢中14肢）が誤っている！

末尾が「努めなければならない」は、誤っている！

努力義務規定を意味する「努めなければならない」というフレーズ。運行管理者試験では、独特の使い方で出題されている。

チョイ技

1 分析の結果、面白い傾向が見えてきた。

今回は、問題表現だけではなく、多少なりとも実質的な理解が必要とはなるが、「**努めなければならない**」というフレーズの使われ方が面白いので紹介しよう。

そもそも、「**努めなければならない**」とは、「○○しなければならない」（＝○○しないとダメ）というような絶対的な規定ではなく、**できるだけそのようにしなさい！**…という**努力義務規定**と呼ばれる規定の仕方である。あくまで"できるだけ"なので、**努力さえすれば、仮に規定どおりに行えなかったとしても、罰則等があるわけではない**ものだ。

このフレーズが使われたとしても、一般的にその選択肢が正しいとか、誤っているとかの傾向が現れてくるわけではない。しかし、運行管理者試験では、**労働基準法**の分野において、誤りの選択肢に使われることが多く、それに一定のパターンがある。しかも、**正解肢に結び付くことが多いので、無視できないフレーズ**なのだ。

先に結論を言ってしまえば、この「**努めなければならない**」が問題文末尾で使用されている選択肢は、約73％の確率で誤っている！

そして着目すべきは、このフレーズが、**ほぼ労働基準法の分野で使われている**ことである。そして、**労働基準法**においては、そもそも「**努めなければならない**」という規定は、1条2項（後半）の**1つしかない**のだ！

　そこで、1条2項はどのような規定かと言うと、以下の規定である。

> **労働基準法1条2項**
>
> この法律で定める**労働条件の基準**は**最低のもの**であるから、労働関係の当事者は、この基準を理由として**労働条件を低下させてはならない**ことはもとより、その向上を図るように**努めなければならない**。

　この条文は2つに分解できる。
　前半は、労働基準法で定める労働条件の基準は、あくまで**最低限のもの**なので、法律に書いてあることだし、それ（最低限のもの）でよいよね…としてはダメですよという（絶対的な）**義務**規定だ。

　そして**後半**が、その上で、できるだけ労働条件の向上を図りなさい！…という**努力義務**規定だ。

　結果、これらの話から、以下の2つのポイントが発生する。

■**労働基準法1条2項のポイント**■

> ①労働基準法の努力義務規定は、1条2項後半（労働条件の向上）のみ！
> 　→それ以外の規定の話で「努めなければ…」は、誤り！
>
> ②1条2項前半は、（絶対的な）義務規定！
> 　→当事者の合意があっても、最低限の条件にできない！

では、先の２つのポイントを意識して、次の問題から確認していこう。

令和２年度第２回　問 18

労働基準法（以下「法」という。）の定めに関する次の記述のうち、<u>誤っているものを１つ</u>選び、解答用紙の該当する欄にマークしなさい。なお、解答にあたっては、各選択肢に記載されている事項以外は考慮しないものとする。

2．法で定める労働条件の基準は最低のものであるから、労働関係の当事者は、当事者間の合意がある場合を除き、この基準を理由として労働条件を低下させてはならないことはもとより、その向上を図るように努めなければならない。

　まず、問題文末尾に「努めなければならない」とある時点で、この選択肢は誤っている推定がはたらくのだが、実際にこの選択肢２は誤っている。
　何故、誤っているのかと言えば、「当事者間の合意がある場合」には、労働基準法で定める労働条件の基準を理由に、そこまで労働条件を低下できるとの問題文となっているからだ（ポイント②）。

平成 29 年度第１回　問 18

労働基準法の定めに関する次の記述のうち、<u>正しいものを２つ</u>選び、解答用紙の該当する欄にマークしなさい。なお、解答にあたっては、各選択肢に記載されている事項以外は考慮しないものとする。

1．使用者は、労働者の国籍、信条又は社会的身分を理由として、賃金、労働時間その他の労働条件について、差別的取扱をしないように努めなければならない。

この選択肢１は誤っている。

この選択肢 1 も、そもそも**「努めなければならない」**とあるので、誤っている推定がはたらく。

そして実質的には、労働基準法で「努めなければならない」と規定されているのは、1 条 2 項の後半（労働条件の向上）のみで、**「労働者の国籍、信条又は社会的身分…」**という部分に関する**努力義務規定はない**のだ（ポイント①）。

なお、**「貨運法」**での**努力義務**規定も非常に少ない。試験対策上、覚えておくのは以下の 2 つである。

1 つ目は、貨運法 15 条である。これは**輸送の安全性の向上**に関する規定で、条文は「一般貨物自動車運送事業者は、輸送の安全の確保が最も重要であることを自覚し、絶えず輸送の安全性の向上に**努めなければならない。**」というものだ。

2 つ目は、安全規則 9 条の 4 である。これは**適正な取引の確保**に関する規定で、条文は「一般貨物自動車運送事業者等は、運送条件が明確でない運送の引受け、運送の直前若しくは開始以降の運送条件の変更、荷主の都合による集貨地点等における待機又は運送契約によらない附帯業務の実施に起因する運転者の過労運転又は過積載による運送その他の輸送の安全を阻害する行為を防止するため、荷主と密接に連絡し、及び協力して、適正な取引の確保に**努めなければならない。**」というものだ。

では、「貨運法」分野での努力義務規定が出題されたケースを見てみよう。

令和 2 年度第 2 回　問 ⑧

一般貨物自動車運送事業者（以下「事業者」という。）の貨物の積載等に関する次の記述のうち、誤っているものを 1 つ選び、解答用紙の該当する欄にマークしなさい。なお、解答にあたっては、各選択肢に記載されている事項以外は考慮しないものとする。

3. 事業者は、運送条件が明確でない運送の引受け、運送の直前若しくは開始以降の運送条件の変更、荷主の都合による集貨地点等における

待機又は運送契約によらない附帯業務の実施に起因する運転者の過労運転又は過積載による運送その他の輸送の安全を阻害する行為を防止するため、荷主と密接に連絡し、及び協力して、適正な取引の確保に努めなければならない。

　この**選択肢3は正しいもの**である（すなわち、このテクニックの例外パターンに該当するのだが…）。

　上述したように、「一般貨物自動車運送事業者等は、運送条件が明確でない運送の引受け、運送の直前若しくは開始以降の運送条件の変更、荷主の都合による集貨地点等における待機又は運送契約によらない附帯業務の実施に起因する運転者の過労運転又は過積載による運送その他の輸送の**安全を阻害する行為を防止**するため、荷主と密接に連絡し、及び協力して、適正な取引の確保に**努めなければならない。**」と規定されている（安全規則9条の4）。

　今後も、この手の問題が出題されることが想定されるため、しっかりと覚えておいてほしい。

　なお、**令和4年度CBT出題例の問17**では、道路交通法の分野でもこのテクニックが通用することが証明された（3ページ参照）。

過去問データ

✌️問題文の末尾に「努めなければならない」が使われている選択肢は、過去29回（870問）において、約73%（22肢中16肢）が誤っている！

✌️例外パターンとなる場合でも、労働基準法1条2項の2つのポイントと貨運法分野の2つの規定を押さえていれば、正解を導くことができるぞ！

第2編 ウラ技編

テクニック 6

（　　）の中に、誤りはナシ！

問題文中の（　　）の中の情報が誤っているケースは、極めて稀である。
カッコ書きは読み飛ばして、解答時間も確保しよう！

ラク技

1 （　　）の中に、正誤に関わる情報は入りにくい。

運行管理者試験に限ったことではないが、各種資格試験の問題文においては、法的な行為に条件を付す、法令名の省略、用語の定義内容を記す…等々の目的で、問題文中にカッコ書きが使用される。

そして、この**カッコ書きに関しては1つの法則**がある。それは…、

カッコ書きの中に、誤りは、まずない！

…ということだ。

一般的には上記のように、あくまでカッコ書きは用語の簡略化、定義説明という問題文における脇役であるし、この部分で問題の正誤を左右する情報を入れることは、**些細な部分の見過ごしを誘ったヒッカケ**になるため、あまり手法として用いたくないという出題者心理もあるのだろう。

先にデータを言えば、運行管理者試験においても、カッコ書きの部分で正誤を分ける情報を含ませることは滅多になく（わずかに"ある"のが厄介だが…）、**過去29回（870問）の試験**において、選択肢としてはたったの**10個**という状況だ。

ここを見るまで、そもそもカッコ書きを気にしなかった
受験生も多いのではないであろうか。そのスタンスで構
わないということである。

なお、この話の前提として…、

> 貨物自動車運送事業の事業用自動車の運転者に対する点呼（対面による点呼と同等の効果を有するものとして国土交通大臣が定めた機器による点呼を除く。）に関する次の記述のうち、【正しいものを２つ】選びなさい。

…といった**冒頭の設問文中**のカッコ書きや…、

> 道路交通法に定める交通事故の場合の措置について、次の　A　、
> 　B　、　C　、　D　に入るべき字句のうち、【正しいものを１つ】
> 選びなさい。
>
> 交通事故があったときは、当該交通事故に係る車両等の運転者その他の乗務員は、直ちに車両等の運転を停止して、　A　し、道路における　B　する等必要な措置を講じなければならない。この場合において、当該車両等の運転者（運転者が死亡し、又は負傷したためやむを得ないときは、その他の乗務員）は、警察官が現場にいるときは当該警察官に、…

…上記のような**穴埋め問題文中**のカッコ書きは、問題の正誤に影響しないため、データから除外していることは、念のためお伝えしておく。

また、このテクニックの“おまけ”としては、**解答時間の節約**もできる点だ。本試験の制限時間内において、**カッコ書き内を読む時間を省略し、正解を導く時間を確保する**ことにも資するというわけだ。

ともかく、今まで気にしたことがないようなことも、ここで改めて確認しておくことで、より精神的に安定した状態で本試験に臨めよう！

2　本試験問題にトライ！

　では実際に、カッコ書きに含まれる情報が正誤に関係ないことを過去問で確認してみよう。

令和元年度第 1 回　問 ⑬

道路交通法に照らし、次の記述のうち、<u>正しいものを 1 つ選び</u>、解答用紙の該当する欄にマークしなさい。なお、解答にあたっては、各選択肢に記載されている事項以外は考慮しないものとする。

2．車両は、道路の中央から左の部分の幅員が 6 メートルに満たない道路において、他の車両を追い越そうとするとき（道路の中央から右の部分を見とおすことができ、かつ、反対の方向からの交通を妨げるおそれがない場合に限るものとし、道路標識等により追越しのため道路の中央から右の部分にはみ出して通行することが禁止されている場合を除く。）は、道路の中央から右の部分にその全部又は一部をはみ出して通行することができる。

　長いカッコ書きなので、誤りが含まれていてもよさそうではあるが…、もちろん、**この選択肢のカッコ書きには、誤りはない**。

　　条文の提示のみになるが、道交法 17 条 5 項は、車両は、次の各号に掲げる場合においては、前項の規定にかかわらず、道路の中央から右の部分（以下「右側部分」という。）にその全部又は一部をはみ出して通行することができるとしている。
　　そして、同項 4 号は、当該道路の左側部分の幅員が 6 メートルに満たない道路において、他の車両を追い越そうとするとき（**当該道路の右側部分を見とおすことができ、かつ、反対の方向からの交通を妨げるおそ**

れがない場合に限るものとし、道路標識等により追越しのため右側部分
にはみ出して通行することが禁止されている場合を除く。）を挙げている。
　本選択肢は、この条文をそのまま出題した形だ。

　このような長いカッコ書き部分をはしょって読むだけでも、**時間を節約で**
きよう。

　確かに、ヒッカケ問題はあり得るので、念のため…という程度にサ〜ッと
目を通して、何らかの**違和感がなければ読み飛ばす**、という意識を持って
おいた方がよいことは確かだ。

ただし、普段の学習では、カッコ書きも含めて条文は丹
念に読み、条文の読解力を身に付けるのが望ましい。ヒッ
カケが出てしまった場合、違和感を覚えるチカラにもな
るであろう。

　このテクニックに関しては、過去のデータを提示すれば十分であり、カッ
コ書きのある問題文を紹介して「ほら正しいでしょ…」と繰り返してもあま
り意味がないので、過去問紹介はこれくらいにしておく。

　それよりも、例外パターンが気になるはずなので、それを確認して、この
テクニック紹介は終えよう。

❸　例外パターンもチェック！
　まず以下の問題が、カッコ書き内で、正誤を分けた問題だ。

令和4年度CBT出題例 問 ❽

一般貨物自動車運送事業者（以下「事業者」という。）の貨物の積載
方法等に関する次の記述のうち、【正しいものを2つ】選びなさい。
なお、解答にあたっては、各選択肢に記載されている事項以外は考慮
しないものとする。

2．事業者は、事業用自動車（車両総重量が8トン以上又は最大積載量が5トン以上のものに限る。）に、貨物を積載するときは、偏荷重が生じないように積載するとともに、運搬中に荷崩れ等により事業用自動車から落下することを防止するため、貨物にロープ又はシートを掛けること等必要な措置を講じなければならない。

残念ながら、この問題のカッコ内には誤りがある。

確認しておくと、安全規則5条には以下のような規定が置かれている。「貨物自動車運送事業者は、事業用自動車に貨物を積載するときは、次に定めるところによらなければならない。①偏荷重が生じないように積載すること。②貨物が運搬中に荷崩れ等により事業用自動車から落下することを防止するため、貨物にロープ又はシートを掛けること等必要な措置を講ずること。」

以上の条文から分かるように、「車両総重量が8トン以上又は最大積載量が5トン以上のものに限る。」という規定は置かれていないのだ。

このように、カッコ内が正誤を分けることもあるため、常にカッコを読み飛ばして良いというわけではない。試験時間との兼ね合いもあるが、判断に迷った際は、カッコ内も含めて問題文を読み込んでほしい。

ちなみに、本選択肢は、平成30年度第2回問8（選択肢2）や平成27年度第2回問8（選択肢1）においても出題されている。今後も出題される可能性があるため、しっかりと押さえておくべき規定である旨は言うまでもないだろう。

では、カッコ内に誤りのあるケースを最後にもう1つ見てほしい。

令和2年度CBT出題例　問㉑

「自動車運転者の労働時間等の改善のための基準」（以下「改善基準告

示」という。）において定める貨物自動車運送事業に従事する自動車運転者（以下「トラック運転者」という。）の拘束時間等に関する次の記述のうち、【正しいものを２つ】選びなさい。ただし、１人乗務で、隔日勤務には就いていない場合とする。なお、解答にあたっては、各選択肢に記載されている事項以外は考慮しないものとする。

4． 使用者は、トラック運転者の連続運転時間（１回が連続５分以上で、かつ、合計が 30 分以上の運転の中断をすることなく連続して運転する時間をいう。）は、４時間を超えないものとすること。

残念ながら、**この選択肢 4 は誤っている。**

確認しておくと、連続運転時間とは、１回がおおむね連続 **10 分**以上で、かつ、合計が 30 分以上の運転の中断をすることなく連続して運転する時間のことである（改善基準４条１項７号）。本選択肢においては、数値が「5 分以上」とされているため、誤りとなる。

このケースは「数字絡み」のものであるが、過去には、文章形式のカッコ内に誤りがあるケースが出題されたこともある。**同じ問題が繰り返し問われる傾向にある運行管理者試験においては、過去問の検討が不可欠**である。抜かりのないよう、対策をしておいてほしい。

そして、このように例外はあるが **10 回だけ**である。問題を解く上での参考として、頭のスミに置いておけばよいであろう。

過去問データ

（　　）の中に誤りがある問題は、29 回（870 問）でたったの 10 問（10 肢）しかない！

第**2**編 ウラ技編

テクニック **7**

困ったときの最終手段!?

反則技

どうしても正解がわからない場合の最終手段である。このテクニックは、できるだけ使用しないよう、しっかり学習準備をしておこう。

1　ねらい目は「3」か!?

おふざけが過ぎるかもしれないが、この話は、**正解を導くうえで何の根拠もない**。ただ単に、過去29回分（870問）のなかで、「選択肢を1つ選ぶ問題」について、いずれの選択肢番号が正解となるかのデータを取ると、最も正解番号として多かったのが「3」であるというだけの話だ。

そして、選択肢ごとのデータは次のようになっている。

選択肢番号	正解となった数	全体における割合
選択肢1	73	約16%
選択肢2	122	約26%
選択肢3	151	**約32%**
選択肢4	121	約26%

※穴埋め問題や、複数解となる問題は除く。

くだらない分析ではあるが、以上のように、正解として最も多い選択肢番号は「3」であり、**最も正解率の低い選択肢1の約16%**と比較すると、約2倍の差がある。

つまり、**どうせわからないならば「3」をクリックした方が、正解する確率が高い**…と言えるのだ。

逆に言うと、約32％と約26％では、さほど差がないとも言えることから、正解は2〜4の選択肢番号にほぼ均等に分布しているとも言えよう。

とは言え、正解の選択肢を決めることができず、無解答になることを避けるためだけに選択肢をクリックする場合には、それなりに役立つ方法ではあるであろう。

これは学習指導を行っている側からすると、反則技の部類になるので、気休め程度に考えておいてほしい。

緊急時のテクニックとして、ある問題につき全くわからない場合や、既に制限時間が迫ってきているなど、落ち着いて解答する心理的な余裕がない場合には、正解肢となる可能性の高い選択肢「3」から検討をスタートしていくことも考えられよう。

ともかく、この話はおまけ的な要素なので、時間の許す限りで、本書の他のテクニックも使用しつつ、正解を導くためのトライをしてほしい。

過去問データ

過去29回（870問）において、選択肢を1つ選ぶ問題で正解になる割合が最も高い選択肢番号は「3」である。

第 1 章　問題表現で正解を推測するテクニック一覧

　ここまで第 1 章では、7 個の問題表現から正解を推測するテクニックを紹介してきたが、ここで簡単にまとめておく。試験直前に確認して活用しよう。

テクニック	問題文中のキーワード	正解の傾向（備考）
1	限りで（は）ない	正しい
2	「ただし」以下	正しい（選択肢自体も）
3	することができる	正しい
4	「合意」と「同意」	誤り
5	努めなければならない	誤り
6	（　　）の中	正しい
7	最も正解となっている選択肢	3

　上記のうち、**テクニック 4 の問題文中に「合意」や「同意」がある場合は、100％の確率**で該当するテクニックである。

例外もあるが、いざというときに役立ててほしい。

第2編 ウラ技編

テクニック 8

制限速度を攻略せよ！

近年、出題数が増えている「制限速度」に関する問題。「最高速度」はもちろんのこと、「最低速度」が定められている場合もあるので、パターンを押さえておいてほしい。

必殺技

❶ 最高速度と最低速度

いきなり突拍子もない聞き方で恐縮だが、仮に、自動車が何 km/h で走っても良いとしたら…。交通事故の多発や事故時の被害の増大等、多大な影響が出ることは必至である。そこで、道路交通法等の各種法令においては、いわゆる「制限速度」が定められている。運転者は、当該制限速度に従って自動車を運転させなければならないのである。

また、この制限速度は必ずしも「最高速度」のみの規定とは限らない。場合によっては「最低速度」が定められている場合もあるのだ。そこで、まずは最高速度と最低速度について、ざっと見ていくことにしよう。

〈最高速度〉

最高速度制限	根拠法令	具体例
100km/h	道交法 22 条 1 項、道交法施行令 27 条 1 項 1 号	以下の自動車が**高速自動車国道**の本線車道又はこれに接する加速車線若しくは減速車線を通行する場合 **イ　大型**自動車（三輪のもの並びに牽引するための構造及び装置を有し、かつ、牽引されるための構造及び装置を有する車両を牽引するものを除く。）のうち専ら**人**を運搬する構造のもの **ロ　中型**自動車（三輪のもの並びに（略）牽引

		されるための構造及び装置を有する車両を牽引するものを除く。）のうち、専ら**人**を運搬する構造のもの又は車両総重量が **8,000** キログラム未満、最大積載重量が **5,000** キログラム未満及び乗車定員が **10** 人以下のもの **ハ　準中型**自動車（三輪のもの並びに（略）牽引されるための構造及び装置を有する車両を牽引するものを除く。） **ニ　普通**自動車（三輪のもの並びに（略）牽引されるための構造及び装置を有する車両を牽引するものを除く。） **ホ　大型自動二輪**車 **ヘ　普通自動二輪**車
80km/h	道交法 22 条 1 項、道交法施行令 27 条 1 項 2 号	上記イからへまでに掲げる自動車**以外**の自動車が**高速自動車国道**の本線車道又はこれに接する加速車線若しくは減速車線を通行する場合 ※令和 6 年 4 月 1 日施行の改正は 231 ページ参照
60km/h	道交法 22 条 1 項、道交法施行令 11 条	**高速自動車国道**の本線車道並びにこれに接する加速車線及び減速車線**以外**の道路を通行する場合（道路標識等によりその最高速度が指定されている場合を除く。）
40km/h	道交法施行令 12 条 1 項 1 号	車両総重量が **2,000** キログラム以下の車両をその車両の車両総重量の **3 倍**以上の車両総重量の自動車で**牽引**する場合

〈最低速度〉

最低速度制限	根拠法令	具体例
50km/h	道交法 75 条の 4、道交法施行令 27 条の 2、27 条の 3	**高速自動車国道**の本線車道（法令の規定によりその速度を減ずる場合及び危険を防止するためやむを得ない場合、道路標識等により自動車の最低速度が指定されている区間、往復の方向にする通行が行われている本線車道で、本線車線が道路の構造上往復の方向別に分離されていないもの等を除く。）

厳密に言えば、上記以外にも制限速度の定めはあるのだが、試験対策上は上記のものを押さえておけば十分だろう。特に、最低速度は1パターンのみ（50km/h）なので、すぐに覚えられると思う。

❷ 過去問題にチャレンジ！

さて、ここからは過去問題を見ていこう。

令和4年度CBT出題例 問⓰

道路交通法に定める法定速度についての次の記述のうち、【誤っているものを1つ】選びなさい。なお、解答にあたっては、各選択肢に記載されている事項以外は考慮しないものとする。

1. 自動車は、道路標識等によりその最高速度が指定されている道路においてはその最高速度を、高速自動車国道の本線車道（往復の方向にする通行が行われている本線車道で、本線車線が道路の構造上往復の方向別に分離されていないものを除く。）並びにこれに接する加速車線及び減速車線以外の道路においては60キロメートル毎時をこえる速度で進行してはならない。

2. 貨物自動車（車両総重量12,000キログラム、最大積載量8,000キログラムであって乗車定員3名）の最高速度は、道路標識等により最高速度が指定されていない高速自動車国道の本線車道（政令で定めるものを除く。）においては、100キロメートル毎時である。

3. 貨物自動車運送事業の用に供する車両総重量が4,995キログラムの自動車が、故障した車両総重量1,500キログラムの普通自動車をロープでけん引する場合の最高速度は、道路標識等により最高速度が指定されていない一般道路においては、40キロメートル毎時である。

4. 貨物自動車は、高速自動車国道の往復の方向にする通行が行われている本線車道で、道路の構造上往復の方向別に分離されている本線車道においては、道路標識等により自動車の最低速度が指定されている区間にあってはその最低速度に、その他の区間にあっては、50キロメートル毎時の最低速度に達しない速度で進行してはならない。

いきなり総合力が問われるような問題だが、いかがだろうか。**誤っている**選択肢は **2** であり、他の選択肢の内容は正しい。

　まず、**選択肢 1** については、表の「60km/h」の項目を参照してほしい。**高速自動車国道**の本線車道並びにこれに接する加速車線及び減速車線**以外**の道路を通行する場合（道路標識等によりその最高速度が指定されている場合を除く。）における最高速度制限は、**60km/h** である。この字面だけ読むと難しく感じられるが、要するに「**一般道**」の最高速度は、原則として **60km/h** ということである。したがって、本選択肢は**正しい**。

　次に、**選択肢 2** について。本選択肢は「**高速自動車国道**」におけるケースなので、「**100km/h**」と「**80km/h**」（4 月 1 日からは 90km/h）のいずれが適用されるかが問題となる。ここで、道交法施行規則 2 条を見てみると、「車両総重量が 11,000 キログラム以上のもの、最大積載量が 6,500 キログラム以上のもの又は乗車定員が 30 人以上のもの」は**大型**自動車であるが、ご存じのとおり、トラックは「専ら**人**を運搬する構造のもの」で**はない**。よって、本選択肢のようなケースでは、最高速度制限が **80km/h**（4 月 1 日からは 90km/h）となる。以上より、本選択肢は**誤り**である。（4 月 1 日施行の改正については 231 ページ参照。）

　さて、正解肢が 2 であることは分かったが、せっかくなので他の選択肢も見ていこう。**選択肢 3** は、「車両総重量が 2,000 キログラム以下の車両をその車両の車両総重量の 3 倍以上の車両総重量の自動車で**牽引**する場合」に該当しているかどうかをチェックしてみよう。本選択肢の場合、故障した車両（被牽引車両）の総重量は **1,500** キログラム（**2,000** キログラム以下）で、牽引車両の総重量は **4,995** キログラム（被牽引車両の総重量の**3 倍以上**）なので、該当している。したがって、本選択肢も**正しい**。

　最後に、**選択肢 4** について。本選択肢は、「**最低速度**」についての出題だ。そのため、「**50km/h**」の項目を参照すればよい。**高速自動車国道**の本線車道においては、50km/h に達しない速度で進行してはならないとされているところ、本選択肢はまさに当該条文を表したものとなっている。よって、本選択肢も**正しい**ことが分かる。

さて、次の問題を見ていこう。

令和 4 年度 CBT 出題例 **問 29**（改題）

運行管理者は、荷主からの運送依頼を受けて、下の図に示す運行計画を立てた。この運行に関する次の 1 ～ 3 の記述について、解答しなさい。なお、解答にあたっては、＜運行計画＞及び各選択肢に記載されている事項以外は考慮しないものとし、本問では、荷積み・荷下ろしについては運行の中断とする特段の事情があるものとする。

＜運行計画＞

A 地点から、重量が 5,250 キログラムの荷物を B 地点に運び、その後、戻りの便にて、C 地点から 5,000 キログラムの荷物を D 地点に運ぶ行程とする。

当該運行は、最大積載量 6,000 キログラムの貨物自動車を使用し、運転者 1 人乗務とする。

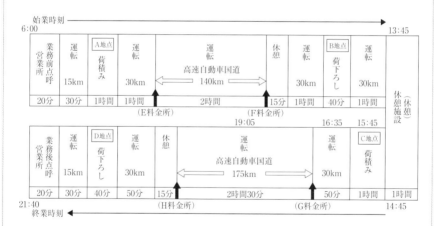

1. E 料金所から F 料金所までの間の高速自動車国道（本線車道に限る。以下同じ。）の運転時間を 2 時間、及び G 料金所から H 料金所までの間の高速自動車国道の運転時間を 2 時間 30 分と設定したことは、道路交通法令に定める制限速度に照らし適切か否かについて、【正しいものを 1 つ】選びなさい。

　① 適切　② 不適切

これもなかなか難しそうな問題だ。

結論から書いてしまうと、この選択肢は**適切である！**

　　本問を解くにあたっては、まず自動車の種類を探ることが必要だ。

　道交法施行規則 2 条によると、中型自動車とは、大型自動車、大型特殊自動車、大型自動二輪車、普通自動二輪車及び小型特殊自動車以外の自動車で、車両総重量が 7,500 キログラム以上 11,000 キログラム未満のもの、最大積載量が 4,500 キログラム以上 6,500 キログラム未満のもの又は乗車定員が 11 人以上 29 人以下のものをいう。**本問の自動車は最大積載量が 6,000 キログラムなので、中型自動車に該当する。**また、道交法 22 条 1 項及び道交法施行令 27 条 1 項 1 号ロによると、中型自動車のうち、専ら人を運搬する構造のもの又は車両総重量が 8,000 キログラム未満、最大積載重量が 5,000 キログラム未満及び乗車定員が 10 人以下のものの最高速度は、道路標識等により最高速度が指定されていない高速自動車国道の本線車道（政令で定めるものを除く。）においては、時速 100 キロメートルである。しかし、本問の自動車は道交法施行令 27 条 1 項 1 号ロの要件を満たしていない。

　よって、道交法 22 条 1 項及び道交法施行令 27 条 1 項 2 号により、本問の自動車の**最高速度**は、道路標識等により最高速度が指定されていない**高速自動車国道**の本線車道（政令で定めるものを除く。）においては、**時速 80 キロメートル**（4 月 1 日より時速 90 キロメートル）である。また、道交法第 75 条の 4 及び道交法施行令第 27 条の 3 によると、自動車の**最低速度**は、法令の規定によりその速度を減ずる場合及び危険を防止するためやむを得ない場合を除き、道路標識等により自動車の最低速度が指定されていない区間の**高速自動車国道**の本線車道（政令で定めるものを除く。）においては、**時速 50 キロメートル**である。

　以上より、本問の自動車は、E 料金所から F 料金所までの間の高速自動車国道及び G 料金所から H 料金所までの間の高速自動車国道をそれぞれ**時速 50 キロメートルから時速 80**（90）**キロメートル**の間の速さで走行する必要がある。ここで、両区間における距離と走行時間を見

てみると、E 料金所から F 料金所までの距離は 140 キロメートル、走行時間が 2 時間なので、速さは 140（キロメートル）÷ 2（時間）＝**時速 70 キロメートル**となる。また、G 料金所から H 料金所までの距離は 175 キロメートル、走行時間が 2 時間 30 分なので、速さは 175（キロメートル）÷ 2.5（時間）＝**時速 70 キロメートル**となる。よって、時速 50 キロメートルから時速 80（90）キロメートルの間の速さに収まっているため、本問における運転時間は、道路交通法令に定める制限時速に照らし**適切**である。（4 月 1 日施行の改正については 231 ページ参照。）

「高速自動車国道」における「最高速度」と「最低速度」を算出し、その間に収まっているかどうかを判断することが重要だ。また、前提として「**自動車の種類**」を判断する必要があるため、以下に基準を記しておく。こちらも参考にしてほしい。

〈自動車の種類〉

自動車の種類	車体の大きさ等
大型自動車	大型特殊自動車、大型自動二輪車、普通自動二輪車及び小型特殊自動車**以外**の自動車で、**車両総重量**が 11,000 キログラム以上のもの、**最大積載量**が 6,500 キログラム以上のもの又は**乗車定員**が 30 人以上のもの
中型自動車	大型自動車、大型特殊自動車、大型自動二輪車、普通自動二輪車及び小型特殊自動車**以外**の自動車で、**車両総重量**が 7,500 キログラム以上 11,000 キログラム未満のもの、**最大積載量**が 4,500 キログラム以上 6,500 キログラム未満のもの又は**乗車定員**が 11 人以上 29 人以下のもの
準中型自動車	大型自動車、中型自動車、大型特殊自動車、大型自動二輪車、普通自動二輪車及び小型特殊自動車**以外**の自動車で、**車両総重量**が 3,500 キログラム以上 7,500 キログラム未満のもの又は**最大積載量**が 2,000 キログラム以上 4,500 キログラム未満のもの
普通自動車	車体の大きさ等が、大型自動車、中型自動車、準中型自動車、大型特殊自動車、大型自動二輪車、普通自動二輪車又は小型特殊自動車について定められた車体の大きさ等のいずれにも**該当しない**自動車

厳密に言えば、他に大型特殊自動車等もあるのだが、試験対策上は上記のものを押さえておけば十分だろう。なお、「自動車の種類」そのものを問う問題もあるので、種類の判断は正確にできるようにしておきたい。

　さあ、どんどん見ていこう。

令和2年度第2回　問⑮

道路交通法に定める自動車の法定速度に関する次の文中、A、B、C、Dに入るべき字句を下の枠内の選択肢（①～⑤）から選び、解答用紙の該当する欄にマークしなさい。

1．自動車の最高速度は、道路標識等により最高速度が指定されていない片側一車線の一般道路においては、　A　である。
2．自動車の最低速度は、法令の規定によりその速度を減ずる場合及び危険を防止するためやむを得ない場合を除き、道路標識等により自動車の最低速度が指定されていない区間の高速自動車国道の本線車道（政令で定めるものを除く。）においては、　B　である。
3．貸切バス（乗車定員47名）の最高速度は、道路標識等により最高速度が指定されていない高速自動車国道の本線車道（政令で定めるものを除く。）においては、　C　である。
4．トラック（車両総重量12,000キログラム、最大積載量8,000キログラムであって乗車定員3名）の最高速度は、道路標識等により最高速度が指定されていない高速自動車国道の本線車道（政令で定めるものを除く。）においては、　D　である。

①　時速40キロメートル　　②　時速50キロメートル
③　時速60キロメートル　　④　時速80キロメートル
⑤　時速100キロメートル

最初に取り上げた問題と類似していることが分かるだろうか。84〜85ページの表を見てほしい。正解はA③B②C⑤D④だ。

まず、**選択肢A**については、「**60km**」の項目を参照してほしい。

次に、**選択肢B**について。本選択肢は、「**最低速度**」についての出題だ。そのため、「**50km**」の項目を参照すれば良い。**高速自動車国道**の本線車道においては、**50km**に達しない速度で進行してはならないとされているところ、本選択肢はまさに当該条文を表したものとなっている。

次に、**選択肢C**について。道交法施行規則2条によると、乗車定員が30名以上の自動車は**大型自動車**に分類される。よって、乗車定員が47名の貸切バスは**大型自動車**となる。「**100km**」の項目を見ると、**大型自動車**のうち専ら人を運搬する構造のものの最高速度は、道路標識等により最高速度が指定されていない**高速自動車国道**の本線車道（政令で定めるものを除く。）においては、**時速100km**である。

最後に、**選択肢D**について。道交法施行規則2条によると、車両総重量が11,000キログラム以上の自動車又は**最大積載量**が6,500キログラム以上の自動車は**大型自動車**に分類される。よって、**車両総重量**が12,000キログラムで、**最大積載量**が8,000キログラムのトラックは**大型自動車**となる。しかし、当該トラックは「専ら人を運搬する構造のもの」には**当たらない**ため、道交法施行令27条1項1号イに規定する最高速度は適用されない。以上を前提に考察すると、トラックの最高速度は、**時速80km**（4月1日より時速90km。p.231参照。）である。

さて、まだまだ見ていこう。

令和2年度第2回 問㉙

荷主から下の運送依頼を受けて、A営業所の運行管理者が次のとおり運行の計画を立てた。この計画に関するア〜イについて解答しなさい。なお、解答にあたっては、＜運行の計画＞及び各選択肢に記載されている事項以外は考慮しないものとする。

＜荷主からの運送依頼＞

　B 工場で重量が 3,000 キログラムの電化製品を積み、各拠点（F 地点、H 地点）の配送先まで運送する。

＜運行の計画＞

● 　次の運行経路図に示された経路に従い運行する。

● 　道路標識等により最高速度が指定されていない高速自動車国道（高速自動車国道法に規定する道路。以下「高速道路」という。）の C 料金所と D 料金所間（走行距離 135 キロメートル）を、運転の中断をすることなく 1 時間 30 分で走行する。

● 　F 地点と G 地点間の道路には 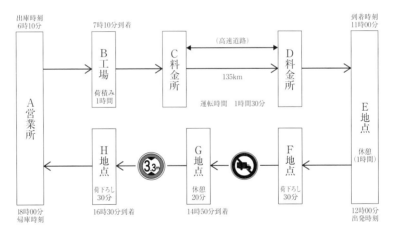 が、G 地点と H 地点間の道路には 🚫 の道路標識が設置されているので、これらを勘案して通行可能な事業用自動車を配置する。

　（道路標識は、「文字及び記号を青色、斜めの帯及び枠を赤色、縁及び地を白色とする。」）

ア. 当該運行に適した車両として、次の 1 ～ 3 の事業用自動車の中から正しいものを 1 つ選び、解答用紙の該当する欄にマークしなさい。

事業用自動車	乗車定員（人）	車両重量（kg）	最大積載量（kg）	車両総重量（kg）	自動車の大きさ（m）		
					長さ	幅	高さ
1	2	8,600	11,200	19,910	11.99	2.49	3.14
2	2	4,270	6,300	10,680	8.18	2.45	3.07
3	2	3,760	3,500	7,370	7.16	2.43	3.00

イ. 高速道路の C 料金所と D 料金所間の運転時間を 1 時間 30 分としたことについて、次の 1 〜 2 の中から<u>正しいもの</u>を 1 つ選び、解答用紙の該当する欄にマークしなさい。

1. 適切
2. 不適切

　厳密に言えば、選択肢アは本テクニックの対象外なのだが、ここから見てみないと本問を解くのは困難であるため、あえて取り上げさせていただいた。

　まず、選択肢アから見てみよう。

　道交法施行規則 2 条によると、本問における**選択肢 1 の自動車は大型自動車**に該当し、**選択肢 2 の自動車は中型自動車**に該当し、**選択肢 3 の自動車は準中型自動車**に該当する。以上を前提に本問を検討する（なお、**本問における自動車が貨物自動車であること**は当然である）。

　まず、G 地点と H 地点間の道路には高さ制限（3.3 m 以下）の道路標識が設置されている。ここで、選択肢 1 〜 3 の自動車の高さを見てみると、いずれの自動車も高さは 3.3m 以下なので、この条件はクリアしていることになる。次に、**F 地点と G 地点間の道路に設置されている道路標識**について検討する。この標識は「**大型貨物自動車、大型特殊自動車、特定中型貨物自動車は通行止め**」であることを意味する。上述したように、**選択肢 1 の自動車は大型貨物自動車**であるため、F 地点と G 地点間の道路を走行することはできない。次に、選択肢 2 の自動車について。当該自動車が中型自動車である旨は上述したとおりだが、道路標識、区画線及び道路標示に関する命令 2 条及び別表第 1（305）により、さらにこの中型自動車を細かく分類すると、**車両総重量**が 8,000 キログラム以上、**最大積載量**が 5,000 キログラム以上又は**乗車定員**が 11 人以上の中型自動車は**特定中型自動車**となる。したがって、**選択肢 2 の自動車は特定中型貨物自動車**であるため、やはり F 地点と G 地点間の道路を走行することはできない。最後に、選択肢 3 の

自動車について。上述したように、当該自動車は準中型貨物自動車であるため、F 地点と G 地点間の道路を走行することができる。以上より、本問における運行に適した車両は**選択肢 3 の自動車**である。

　次に、選択肢イを見ていこう。

　上述したように、本問における自動車は**準中型自動車**である。そして、道交法 22 条 1 項及び道交法施行令 27 条 1 項 1 号ハによると、準中型自動車が**高速自動車国道**の本線車道又はこれに接する加速車線若しくは減速車線を通行する場合の**最高速度は時速 100km** である。また、道交法 75 条の 4 及び道交法施行令 27 条の 3 によると、**高速自動車国道**の本線車道（政令で定めるものを除く。）における**最低速度は時速 50km** である。以上を前提に本問を検討する。

　本問においては、C 料金所と D 料金所間の高速自動車国道（走行距離 135km）を 1 時間 30 分（1.5 時間）で走行する計画となっている。（速さ）＝（距離）÷（時間）であるため、この区間の速さは、135km ÷ 1.5 時間 ＝ **90km/ 時**となる。したがって、上述した**最低速度（50km/ 時）と最高速度（100km/ 時）**の間に収まっているため、この計画は**適切**である。

　色々な合わせ技が出てきてやや混乱するかもしれないが、落ち着いて 1 つずつ解いていくようにしよう。

　さて、どんどん見ていこう。

令和元年度第 1 回　**問㉙**（改題）

運行管理者は、荷主からの運送依頼を受けて、次のとおり運行の計画を立てた。この計画を立てた運行管理者の判断に関する次の 1 ～ 3 の記述のうち、適切なものには解答用紙の「適」の欄に、適切でないものには解答用紙の「不適」の欄にマークしなさい。なお、解答にあたっては、＜運行の計画＞及び各選択肢に記載されている事項以外は考慮しないものとする。

（荷主の依頼事項）

　A 地点から、重量が 5,500 キログラムの荷物を 11 時 30 分までに D 地点に運び、その後戻りの便にて、E 地点から 5,250 キログラムの荷物を 18 時 30 分までに A 地点に運ぶ。

＜運行の計画＞

ア　乗車定員 2 名で最大積載量 6,250 キログラム、車両総重量 10,930 キログラムの中型貨物自動車を使用する。当該運行は、運転者 1 人乗務とする。

イ　当日の当該運転者の始業時刻は 6 時 00 分とし、業務前点呼後 6 時 30 分に営業所を出庫して荷主先の A 地点に向かう。A 地点にて荷積み後、A 地点を出発し、一般道を走行した後、B 料金所から高速自動車国道（法令による最低速度を定めない本線車道に該当しないもの。以下「高速道路」という。）に乗り、途中 10 分の休憩をはさみ、2 時間 40 分運転した後、C 料金所にて高速道路を降りる。（B 料金所と C 料金所の間の距離は 240 キロメートル）その後、一般道を経由し、D 地点には 11 時 00 分に到着する。荷下ろし後、休憩施設に向かい、当該施設において 11 時 50 分から 13 時 00 分まで休憩をとる。

ウ　13 時 00 分に休憩施設を出発して E 地点に向かい、荷積みを行う。その後、13 時 50 分に E 地点を出発し、一般道を経由し往路と同じ高速道路を走行し、その後、一般道を経由し、荷主先の A 地点に 18 時 10 分に到着する。

　荷下ろし後、営業所に 18 時 50 分に帰庫する。営業所において業務後点呼を受け、19 時 00 分に終業する。

（問題は次ページに続く）

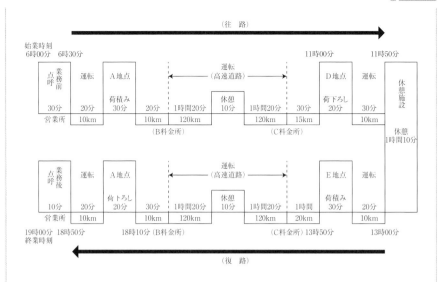

1. B料金所からC料金所までの間の高速道路の運転時間を、制限速度を考慮して2時間40分と設定したこと。

　道交法施行令27条1項2号により、本問のように**車両総重量が8トン以上、最大積載量が5トン以上の中型貨物自動車**の場合、**高速自動車国道**における**最高速度は80km/h**（**4月1日より90km/h。p.231参照。**）とされている。また、道交法75条の4及び道交法施行令27条の3によると、自動車の**最低速度**は、法令の規定によりその速度を減ずる場合及び危険を防止するためやむを得ない場合を除き、道路標識等により自動車の最低速度が指定されていない区間の**高速自動車国道**の本線車道（政令で定めるものを除く。）においては、**時速50km**である。

　以上を考え合わせると、B料金所からC料金所までの**240km**の距離を走行するためには、（240km ÷ 80km/h ＝ 3時間、240km ÷ 50km/h ＝ 4.8時間であることを考えると）**3時間以上4時間48分**以内の時間が必要であるから、運転時間を**2時間40分**としたことは、**適切な判断とはいえない。**

運行管理者による「基準・規程・規律」の作成は誤り！

「基準・規程・規律」の類の作成義務は事業者にあるが、これを運行管理者とするヒッカケ問題が頻繁に出題されている。

必殺技

1 作成義務があるのは「事業者」…それだけのこと。

　運行管理者が行うのか、事業者が行うのか、どちらの業務かを問う問題は頻出なうえに、ヒッカケ問題として出されるので、押さえておかないと致命的になるかも…。

　では、貨運法とそれに基づく安全規則より**事業者に作成義務が課されて**いる各種の「基準・規程・規律」に関する出題パターンをみていこう。

　この事業者の義務につき、運行管理者の義務である…とヒッカケを誘う選択肢が過去に繰り返し出題されており、当然ながらこれらの選択肢は**誤り**となるため、以下のテクニックが成立する。

「運行管理者」に、「基準・規程・規律」の類を
作成する義務を課す選択肢は、誤っている！

　それだけの話なのだが、最後にデータを紹介するとおり、これだけ繰り返して出題されていると見過ごすわけにはいかない。この辺は、実際に問題を見たほうが早いので、早速、過去問の検討に入ろう。

2　本試験問題にトライ！

まずは、以下の問題だ。

令和2年度第1回　問❻

次の記述のうち、一般貨物自動車運送事業の運行管理者が行わなければならない業務として、<u>正しいものを2つ</u>選び、解答用紙の該当する欄にマークしなさい。なお、解答にあたっては、各選択肢に記載されている事項以外は考慮しないものとする。

3．従業員に対し、効果的かつ適切に指導及び監督を行うため、<u>輸送の安全に関する基本的な方針</u>を策定し、かつ、これに基づき指導及び監督を行うこと。

運行管理者は、輸送の安全に関する基本的「方針」を策定しなければならないのか？　この選択肢3は、誤っている！

貨物自動車運送**事業者**は、従業員に対し、効果的かつ適切に指導及び監督を行うため、**輸送の安全**に関する**基本的な方針**の**策定**その他の国土交通大臣が告示で定める措置を講じなければならない（安全規則10条5項）。したがって、運行管理者の義務ではないため、本選択肢は誤っているのだ。

次の問題へ行こう。

令和4年度CBT出題例　問❸

次の記述のうち、一般貨物自動車運送事業の運行管理者が行わなければならない業務として、【正しいものを2つ】選びなさい。なお、解答にあたっては、各選択肢に記載されている事項以外は考慮しないものとする。

2．運行管理規程を定め、かつ、その遵守について運行管理業務を補助させるため選任した者（補助者）及び運転者に対し指導及び監督を行うこと。

言わずもがな！　この**選択肢2も誤っている！**

説明したように、**運行管理規程**を定めるのは**事業者等**である。運行管理者の業務ではないので、この選択肢は誤りとなる。

令和2年度第1回 問❸

一般貨物自動車運送事業者（以下「事業者」という。）の安全管理規程等及び輸送の安全に係る情報の公表についての次の記述のうち、**誤っているものを1つ選び、解答用紙の該当する欄にマークしなさい。なお、解答にあたっては、各選択肢に記載されている事項以外は考慮しないものとする。**

1．貨物自動車運送事業法（以下「法」という。）第16条第1項の規定により**安全管理規程を定めなければならない事業者**は、安全統括管理者を選任したときは、国土交通省令で定めるところにより、遅滞なく、その旨を国土交通大臣に届け出なければならない。

結論から書いてしまうと、**この選択肢1は正しい。**

根拠法令は貨物自動車運送事業法16条4項及び5項であり、ほぼ条文そのままの選択肢である。では、なぜこの選択肢を取り上げたのかというと、選択肢冒頭に「貨物自動車運送事業法（中略）の規定により**安全管理規程を定めなければならない事業者**は」という文言が記されているからである。

この文言からも分かるように、安全管理規程を定めるのは事業者である。そして、それが分かれば、この選択肢自体も正しいはず…という推測が働く

のではないだろうか。

　最後に、少し違う観点からもう 1 問見ておこう。

令和 4 年度 CBT 出題例　問 6 （改題）

一般貨物自動車運送事業者（以下「事業者」という。）の過労運転の防止等に関する貨物自動車運送事業輸送安全規則等の規定についての次の記述のうち、【正しいものを 1 つ】選びなさい。なお、解答にあたっては、各選択肢に記載されている事項以外は考慮しないものとする。

4．特別積合せ貨物運送を行う事業者は、当該特別積合せ貨物運送に係る運行系統であって起点から終点までの距離が 100 キロメートルを超えるものごとに、所定の事項について事業用自動車の運行の業務に関する基準を定め、かつ、当該基準の遵守について乗務員等に対する適切な指導及び監督を行わなければならない。

結論から書いてしまうと、この**選択肢 4 は正しい**。
根拠条文は安全規則 3 条 8 項であり、ほぼ条文そのままの出題である。

　ここで強調しておきたいのは、本選択肢が「**基準**」の策定を「**事業者**」が行うとしている点である。もちろん、条文をしっかりと押さえておくに越したことはないのだが、仮にこの条文を知らなかったとしても、このテクニックを使えば、「この選択肢は正しいのではないだろうか…？」という推測を立てられるはずだ。

　ちなみに、同様の出題が平成 30 年度第 1 回問 6（選択肢 4）及び平成 29 年度第 2 回問 6（選択肢 4）でもされている。
　以上のように、過去問で問われている「**基準、規程、規律**」の類の作成義務は、すべて**事業者**にある。
　もっと言えば、**貨運法とそれに基づく安全規則によって定められている**

「基準、規程、規律」の類の作成義務は、みな1つの目的を達成するために、貨物自動車運送事業を営んでいる**事業者**に委ねられている。その目的とは、**事業用自動車の運行上の安全の確保**だ。

　簡潔に言うと、「基準、規程、規律」の類は、貨物自動車運送事業の営業において、最も重要な事業用自動車の**運行の安全を確保するための**ものであるから、貨物自動車運送事業を営む**事業者自身が作成すべき**義務とされているのだ。

■「基準、規程、規律」の作成義務者■

①事業用自動車の**定期点検基準**
②輸送の**安全**に関する**基本的方針**
③事業用自動車の運行の安全確保に関する業務の処理基準に関する規程
（**運行管理規程**）
④**特別積合せ貨物運送**に係る乗務員の**服務規律**

これらの作成義務は、すべて…

貨物自動車運送**事業者**にある !!

過去問データ

✌「**基準・規程・規律**」の類の**作成義務者を問う選択肢**は、過去**29回（870問）**において、**75%（20肢中15肢）**が、**運行管理者**にあるものとして**誤っている**！

第2編 ウラ技編

テクニック 10

運行管理者による「施設の整備」、「勤務時間等の定め」は、誤っている！

乗務員等の休憩・睡眠施設と、勤務及び乗務時間の作成等に関して、運行管理者と事業者の業務の領域を問う問題が頻出している。

必殺技

① 運行管理者が行うのは適切な「管理」だけだ！

　貨運法関係の運行管理者の業務に関しては、**運行管理者に、乗務員等の休憩・睡眠に必要な施設を「整備」する義務があるか否か**という点を問われる頻度が非常に高い。

　結論から言えば、**運行管理者**には、乗務員等の休憩・睡眠に必要な施設を「整備」する**義務はなく**、乗務員等の休憩・睡眠に必要な施設を**適切に「管理」する業務**を行う責任があるだけだ（安全規則20条1項2号）。

　では、この乗務員等の休憩・睡眠に必要な施設を「整備」する**義務**は、誰が負っているのかと言えば、**貨物自動車運送事業者**である。

「整備」と「管理」の何が違うのだ？…と考えるかもしれないが、ここは言葉の問題として割り切って、覚えてしまったほうが早いかもしれない。

　少し丁寧に解説すると、**事業者**には、乗務員等が有効に利用できるように、**休憩と睡眠に必要な施設を整備し、管理し、保守する義務**がある。自らが雇用している事業用自動車の運転者が、過労状態に陥らないよう常に配慮

して、自らの事業における運行の安全を確保する責任があるわけだ。

　そして、**事業者に対して、施設の整備・管理・保守義務を課したうえで、さらに運行管理者に対して、それらの施設を適切に「管理」する業務を求**めているのだ。

乗務員等の休憩・睡眠に必要な施設は…
事業者が、整備・管理・保守する！

　　　　　そのうえで重ねて…

運行管理者が、管理をすることになっている！

　このパターンの選択肢の正誤を瞬時に判断できると、運行管理者の業務に関する問題の正答率は飛躍的に高くなる。

　そこで、この知識について、以下のゴロ合わせで覚えてしまうのはどうであろうか。

ゴロ合わせ 休憩・睡眠施設の整備者

**伊勢えび（整備）事業（事業者）で、
カン（運行管理者）カン（管理）だ！**

　ゴロ合わせは、このくらいバカバカしいほうが、印象に残ってよいであろう…（汗）。

2 本試験問題にトライ！

以上を踏まえて休憩・睡眠施設に関する過去問を確認してみよう。

令和3年度CBT出題例　問③（改題）

次の記述のうち、一般貨物自動車運送事業の運行管理者が行わなければならない業務として、【正しいものを2つ】選びなさい。なお、解答にあたっては、各選択肢に記載されている事項以外は考慮しないものとする。

1. 乗務員等が有効に利用することができるように、休憩に必要な施設を整備し、及び乗務員等に睡眠を与える必要がある場合にあっては睡眠に必要な施設を整備し、並びにこれらの施設を適切に管理し、及び保守すること。

もうわかりますよね。この**選択肢1は、誤っている！**

解説は済ませているので省略するが、休憩等の施設の「整備」・管理・保守は、事業者の業務だ。伊勢えび（整備）事業（事業者）！…である。

なお、この選択肢1の内容は、ほぼこのままの形で、1ページで紹介した**令和4年度CBT試験出題例の問3（選択肢1）、平成30年度第1回の問3（選択肢4）、平成25年度第1回の問3（選択肢1）、平成24年度第2回の問3（選択肢4）、平成22年度第1回の問3（選択肢2）**など、何回も出題されてきている。過去問の理解が、本試験の現場でいかに役立つのかがわかるであろう。

もう1問、見てみよう。

令和2年度第1回　問②（改題）

一般貨物自動車運送事業者（以下「事業者」という。）の過労運転等の防止等についての法令の定めに関する次の記述のうち、正しいものを2つ選び、解答用紙の該当する欄にマークしなさい。なお、解答にあたっ

ては、各選択肢に記載されている事項以外は考慮しないものとする。

2．事業者は、運転者、特定自動運行保安員及び事業用自動車の運行の業務の補助に従事する従業員（以下「乗務員等」という。）が有効に利用することができるように、休憩に必要な施設を整備し、及び乗務員等に睡眠を与える必要がある場合にあっては睡眠に必要な施設を整備し、並びにこれらの施設を適切に管理し、及び保守しなければならない。

この**選択肢2は正しい！**

こちらも、改めて解説はしないが、休憩等の施設の整備・管理・保守は、**事業者**の義務である。この規定をしっかりと押さえておこう。

ちなみに、**平成29年度第2回の問6（選択肢1）**でも同様の問題が出題されている。また、**令和元年度第1回の問6（選択肢1）**も似たような傾向の問題といえるだろう（ただし、こちらについては、選択肢の後段部分においてもう少し深い知識が要求されている）。

3　運行管理者が行うのは「乗務割の作成」だけ！

さて、休憩・睡眠施設はこの辺りで切り上げて、ここからはこれに似た話を併せて紹介していきたい。それが、**運転者の勤務時間と乗務時間を定める業務は、誰が行うのか**についてだ。

これも、休憩・睡眠施設と同様の考え方で理解して、覚えておくとわかりやすい。つまり…

運転者の**勤務時間**と**乗務時間**について…
定めるのは、**事業者**だ！

その範囲内で…

運行管理者が、具体的な**乗務割**を作成する！

運行管理者は、**事業者が定めた勤務時間及び乗務時間の範囲内**において**乗務割を作成し**、これに従い運転者を事業用自動車に乗務させる義務を負うのだ（安全規則20条1項3号）。

出題のされ方は、勤務時間と乗務時間を定める者についてであるが、覚え方は逆に、**運転者の勤務・乗務時間**に関して、運行管理者が行うのは「**乗務割の作成だけ**」と覚えていたほうが、わかりやすいと思う。

そこで、皆さんがお酒を飲むかは別として、以下のゴロ合わせはいかがであろうか。「ジャム割り」とは、新感覚の飲み物である…。

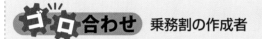 乗務割の作成者

ジャム割り（乗務割）　作ろう!（作成）
　　　　　　　　運行管理者!

４　本試験問題にトライ!

では、勤務・乗務時間に関する過去問を確認していこう。

 令和2年度第2回　問 ②

次の記述のうち、貨物自動車運送事業の運行管理者の行わなければならない業務として誤っているものを1つ選び、解答用紙の該当する欄にマークしなさい。なお、解答にあたっては、各選択肢に記載されている事項以外は考慮しないものとする。

4．休憩又は睡眠のための時間及び勤務が終了した後の休息のための時間が十分に確保されるように、国土交通大臣が告示で定める基準に従って、運転者の勤務時間及び乗務時間を定め、当該運転者にこれらを遵守させること。

わかりますよね。この**選択肢4は誤っている。**

もう1問、見てみよう。

運行管理者の日常業務の記録等に関する次の記述のうち、【適切なもの
をすべて】選びなさい。なお、解答にあたっては、各選択肢に記載さ
れている事項以外は考慮しないものとする。

> **4.** 運行管理者は、事業者が定めた勤務時間及び乗務時間の範囲内で、
> 運転者が過労とならないよう十分考慮しながら、天候や道路状況な
> どを勘案しつつ、乗務割を作成している。なお、乗務については、
> 早めに運転者に知らせるため、事前に予定を示すことにしている。

この**選択肢4は適切である（正しい）！**

前のページで記したように、運行管理者は、**事業者が定めた勤務時間及
び乗務時間の範囲内**において乗務割を作成し、これに従い運転者を事業用
自動車に乗務させる義務を負っている(安全規則20条1項3号)。本選択肢は、
平成30年度第1回の問24（選択肢2）で出題されている。

過去問データ

✌️「休憩・睡眠施設の整備等」及び「運転者の勤務・乗務時
間の作成」義務の帰属者を問う選択肢は、過去29回（870
問）において、37肢出題されており、事業者の義務と
いう理解で100%（37肢中37肢）正解できる！

「交通事故防止対策」問題の解き方！

第2編 ウラ技編

テクニック 11

近年出題が増加している「交通事故防止対策」問題の解き方をマスターしよう。

キメ技

1　「交通事故防止対策」問題とは

平成27年度以降、コンスタントに出題されているのが「交通事故防止対策」問題だ。概ね2回に1回程度の割合で出題がみられ、「事故防止対策として**最も直接的に有効な**組合せはどれか」というような問われ方をするのが特徴である。

攻略法としては、①「**関係が深そうなものを選ぶ**」というやり方と②「**関係がなさそうなものを除いていく**」というやり方の2つがある。問題に応じて、どちらがより望ましいかを考えながら解いてほしい。

慣れないうちは解きづらいと感じるだろうが、ポイントを押さえてしまえば意外と攻略しやすいので、実際に問題を解きながら考察を加えていきたい。

2　本試験問題にトライ！

さて、早速問題を解いていこう。

令和2年度第1回 問 30

平成28年中のトラック（最大積載量5トン以上）による死亡・重傷

事故について、事業用自動車の交通事故統計及び自動車事故報告規則により提出された事故報告書に基づき、下記のとおり、事故の特徴やその要因についての分析結果が導かれた。この分析結果をもとに、【事業者及び運行管理者が実施すべき事故低減対策のポイント】の中から【事故防止のための指導】として、A、B、Cに当てはまる**最も直接的に有効と考えられる組合せ**を下の枠内の選択肢（①〜⑧）からそれぞれ１つ選び、解答用紙の該当する欄にマークしなさい。なお、解答にあたっては、下記に記載されている事項以外は考慮しないものとする。

【死亡・重傷事故の特徴】

平成28年中の最大積載量5トン以上のトラックによる死亡・重傷事故381件について、車両の走行等の態様別にみると、直進時が73%、右折時が13%、左折時が9%となっている。

直進時の事故	右折時の事故	左折時の事故
・直進時の事故のうち72%が他の車両等との事故で、このうち高速道路等での追突事故が一番多い。 ・一般道路での歩行者等との事故は夜間が多い。	右折時の事故は、歩行者等と他の車両等との事故がそれぞれ約半数となっている。	左折時の事故のうち70%が自転車との事故で、バス・タクシーと比べて巻き込み事故が多い。

【事故の主な要因】

（高速道路等での事故） ・故障車両などの停止車両への追突 ・たばこや携帯電話の操作 （一般道路での事故） ・飲酒運転 ・動静不注意 ・伝票の整理によるわき見運転	・対向車から譲られた時の安全確認不足 ・二輪自動車等の対向車のスピードの誤認 ・対向車の後方の安全確認不足	・徐行・一時停止の不履行、目視不履行 ・左折前の確認のみで、左折時の再度の確認の不履行 ・前方車両への追従 ・大回りで左折する際の対向車等への意識傾注 ・車体が大きく死角が多い

【事故防止のための指導】

A	B	C

【事業者及び運行管理者が実施すべき事故低減対策のポイント】

ア　右折するときは、対向車に注意して徐行するとともに、右折したその先の状況にも十分注意を払い走行するよう運転者に対し指導する。

イ　運転中は前方不注視となるのを防ぐため、喫煙や携帯電話の使用などは停車してから行うよう運転者に対し指導する。

ウ　右折するときは、対向車の速度が遅い場合などは自車の速度を落とさず交差点をすばやく右折するよう運転者に対し指導する。

エ　大型車などは、内輪差が大きく、左側方の自転車や歩行者を巻き込んでしまう危険があることから、慎重に安全を確認してから左折するよう運転者に対し指導する。

オ　右折時に対向車が接近しているときは、その通過を待つとともに、対向車の後方にも車がいるかもしれないと予測して、対向車の通過後に必ずその後方の状況を確認してから右折するよう運転者に対し指導する。

カ　運転者の飲酒習慣を把握し、必要と考えられる運転者に対し、運転者の画像が確認できるアルコールチェッカーを運行時に携帯させ、随時運転者の飲酒状況をチェックできるようにする。

キ　衝突被害軽減ブレーキを装着したトラックの運転者に対しては、当該装置は、いかなる走行条件においても、前方の車両等に衝突する危険性が生じた場合には、確実にレーダー等で検知したうえで自動的にブレーキが作動し、衝突を確実に回避できるものであることを十分理解させる。

ク　二輪自動車は車体が小さいため速度を誤認しやすいことから、右折の際は、対向する二輪自動車との距離などに十分注意するよう運転者に対し指導する。

ケ　左折するときは、あらかじめ交差点の手前からできる限り道路の左側端に寄り、かつ、できる限り道路の左側端に沿って徐行するよう運転者に対し指導する。

コ　伝票等の確認は、走行中はわき見が原因で事故につながる可能性が高いことから、安全な場所に移動し停止した後に行うよう運転者

に対し指導する。

サ　交差点を左折するときに、その進路の前方にある横断歩道を横断
しようとする歩行者がいる場合は、当該横断歩道を徐行し、かつ、
できる限り安全な速度と方法で進行するよう運転者に対し指導する。

シ　左折する際は、左折前の確認に加えて、左折時にも再度歩行者や
自転車等がいないかをミラーや直視で十分確認するように運転者に
対し指導する。

①　アウオ	②　アウク	③　アオク	④　イカキ
⑤　イカコ	⑥　イカサ	⑦　エケサ	⑧　エケシ

　本問は、直進時、右折時、左折時のそれぞれにおいて、【死亡・重傷事故の特徴】、【事故の主な要因】が挙げられており、これらを踏まえて、【事故防止のための指導】を選択していくという問題になっている。

　では、109ページに挙げた①「**関係が深そうなものを選ぶ**」というポイントを踏まえて、実際に解いてみよう。

　直進時の事故の原因には、「**たばこや携帯電話の操作**」が含まれている。この原因と最も関係が深そうなのは…そう、**選択肢イ**だ。また、直進時の事故の原因としては、他に「**飲酒運転**」も含まれている。この原因と最も関係が深そうなのは…**選択肢カ**だ。さらに、直進時の事故の原因には、「**伝票の整理によるわき見運転**」も含まれている。この原因と最も関係が深そうなのは…**選択肢コ**だ。

　以上より、直進時の事故防止のための指導として、最も直接的に有効と考えられる**選択肢はイ、カ、コであり、Aには⑤が入る**。

　右折時の事故の原因には、「**対向車から譲られた時の安全確認不足**」や「**対向車の後方の安全確認不足**」が含まれている。この原因と関係

が深そうなのは…**選択肢アと選択肢オ**だ。また、右折時の事故の原因には、「**二輪自動車等の対向車のスピードの誤認**」も含まれている。この原因と最も関係が深そうなのは…**選択肢ク**だ。

　以上より、右折時の事故防止のための指導として、最も直接的に有効と考えられる**選択肢はア、オ、クであり、Bには③が入る。**

　　左折時の事故の原因には、「**大回りで左折する際の対向車等への意識傾注**」や「**車体が大きく死角が多い**」こと等が含まれている。この原因と最も関係が深そうなのは…**選択肢エ**だ。また、左折時の事故の原因には、「**徐行・一時停止の不履行、目視不履行**」等も含まれている。この原因と最も関係が深そうなのは…**選択肢ケ**だ。さらに、左折時の事故の原因には、「**左折前の確認のみで、左折時の再度の確認の不履行**」等も含まれている。この原因と最も関係が深そうなのは…**選択肢シ**だ。

　以上より、左折時の事故防止のための指導として、最も直接的に有効と考えられる**選択肢はエ、ケ、シであり、Cには⑧が入る。**

　ここまで見てきて分かったと思うが、やっていることはいたってシンプルである。「原因」からキーワードを拾って、それに対応する「事故防止対策」を選ぶという作業をひたすら繰り返しているだけだからだ。つまり、**時間をかければ正解は導ける**のである。本書で紹介した他のテクニックで時間を残しつつ、「事故防止対策」の問題にある程度時間をかけられるようにするのが望ましいといえるだろう。

　念のため、もう1問見ておこう。

　平成30年度第2回　問⑳

運行管理者が次の事業用大型トラックの事故報告に基づき、この事故の要因分析を行ったうえで、同種事故の再発を防止するための対策として、**最も直接的に有効と考えられる組合せを、下の枠内の選択肢（1〜8）から1つ選び、解答用紙の該当する欄にマークしなさい。**なお、

解答にあたっては、【事故の概要】及び【事故の推定原因・事故の要因】に記載されている事項以外は考慮しないものとする。

【事故の概要】

　当該運転者は、当日早朝に出勤し運行管理者の電話点呼を受けたのち、貨物の納入先へ向け運行中、信号機のない交差点に差しかかり、前方の普通トラックが当該交差点から約10メートル先の踏切で安全確認のため一時停止したため、それに続いて当該交差点の横断歩道上に停止した。その後前方のトラックが発進したことをうけ、車両前方を母子が横断していることに気付かず発進し、母子と接触し転倒させた。この事故により、母親とベビーカーの子供が重傷を負った。

　なお、当該車両にはフロントガラス下部を覆う高さ約30センチメートルの装飾板が取り付けられていた。

・事故発生：午前10時20分
・天候　　：晴れ
・道路　　：幅員8.0メートル
・運転者　：45歳　運転歴14年

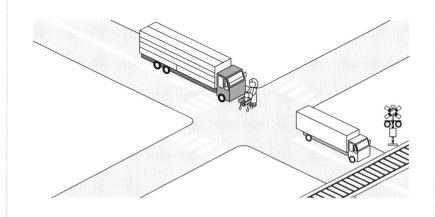

【事故の推定原因・事故の要因】

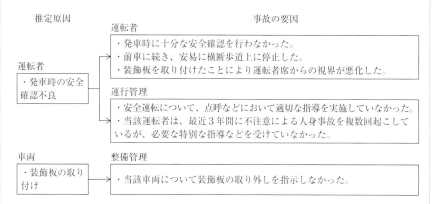

推定原因　　　　　　　　　　　　　　　　　　　事故の要因

運転者

運転者
・発車時の安全
確認不良

運転者
・発車時に十分な安全確認を行わなかった。
・前車に続き、安易に横断歩道上に停止した。
・装飾板を取り付けたことにより運転者席からの視界が悪化した。

運行管理
・安全運転について、点呼などにおいて適切な指導を実施していなかった。
・当該運転者は、最近 3 年間に不注意による人身事故を複数回起こしているが、必要な特別な指導などを受けていなかった。

車両
・装飾板の取り付け

整備管理
・当該車両について装飾板の取り外しを指示しなかった。

【事故の再発防止対策】

ア　対面による点呼が行えるよう要員の配置を整備する。

イ　装飾板等により運転者の視界を妨げるものについては、確実に取り外させるとともに、装飾板等取り付けが運転者の死角要因となることを運転者に対して、適切な指導を実施する。

ウ　運転者に対して、交通事故を惹起した場合の社会的影響の大きさや過労が運転に及ぼす危険性を認識させ、疲労や眠気を感じた場合は直ちに運転を中止し、休憩するよう指導を徹底する。

エ　事故惹起運転者に対して、安全運転のための特別な指導を行うとともに、適性診断結果を活用して、運転上の弱点について助言・指導を徹底することにより、安全運転のための基本動作を励行させる。

オ　運転者に対して、運行開始前に直接見ることができない箇所について後写鏡やアンダーミラー等により適切な視野の確保を図ったうえで、発車時には十分な安全確認を行うよう徹底する。

カ　過労運転の防止を図るため、自動車運転者の労働時間等の改善のための基準に違反しない乗務計画を作成し、運転者に対する適切な運行指示を徹底する。

キ　安全運転教育において、横断歩道、交差点などの部分で停止しないよう徹底するとともに、横断歩道に接近する場合及び通過する際に、横断しようとする者がいないことを確実に確認するよう徹底する。

ク 運転者に対して、疾病が交通事故の要因となるおそれがあることを正しく理解させ、定期的な健康診断結果に基づき、自ら生活習慣の改善を図るなど、適切な心身の健康管理を行うことの重要性を理解させる。

1. ア・イ・オ・ク
2. ア・イ・カ・キ
3. ア・オ・キ・ク
4. ア・ウ・オ・キ
5. イ・ウ・エ・カ
6. イ・エ・オ・キ
7. ウ・エ・キ・ク
8. ウ・エ・オ・カ

本問は、109 ページに挙げたポイントのうち、②「**関係がなさそうなものを除いていく**」という方法で解いてみたい。

　まず、**選択肢ア**について。点呼に関しては、対面で行うのが原則であるが、**運行上やむを得ない場合には電話等で行うことも可能である**。よって、**点呼が適切に行われていなかったわけではない**ので、本選択肢は同種事故の再発防止策としては**直接的に有効とはいえない**。よって、この時点で選択肢アを含んでいる1〜4は、正解から除かれる。

　次に、**選択肢ウ**について。本問において、運転者が疲労や眠気を感じていたという事実は**記載されていない**。よって、本選択肢は同種事故の再発防止策としては**直接的に有効とはいえない**。よって、この時点で選択肢ウを含んでいる5、7、8も正解から除かれるため、**6が正解**であることがわかる。

　一応、**選択肢カ**と**選択肢ク**も確認しておこう。本問において、運行管理者が改善基準に違反した乗務計画を作成していたという事実や運転者が疾病を抱えていたという事実はいずれも**記載されていない**。よって、これらの選択肢は、同種事故の再発防止策としては**直接的に有効とはいえない**。

　解いてみてわかったと思うが、関係のなさそうな選択肢を除いていくと、すぐに答えが出せる場合もある。

第2編 ウラ技編

テクニック 12

7つのポイントを押さえて、事故の「速報」「報告」を攻略！

複雑に見える事故報告規則に基づく「速報」と「報告」も、ポイントを押さえれば、正解率をグッと上げられるぞ！

キメ技

1 出題箇所に偏りがある「報告」と「速報」！

　このテクニックも**貨運法の分野**に関するものだ。**事業用自動車が事故を起こした場合**、事業者等には一定の条件で**国土交通大臣へ事故の「報告」**と、**運輸支局長等へ「速報」**を要するところ（事故報告規則2条～4条）、これらに関しては、**毎回のように出題**されている。

　どのような問題かと言えば、問題で挙げられた具体的な事故が「報告」や「速報」を要するのか…という問題であり、事故の内容（負傷者数や関係車両数、負傷者の治療日数等）によって、正否が決まるパターンだ。

　そして、どのような事故が「報告」と「速報」を要するかは、事故報告規則に規定されており、そのすべてを覚えておければ、それに越したことはないのだが…規定数が多いうえに、読みほぐすのが厄介な条文なのである。

　しかし、過去問を分析すると、これら**「報告」と「速報」の問題**については、**押さえるべきポイントがあるので、紹介したい！**

　この**ポイント**だけでも押さえておけば、正解率をグッと上げられるし、皆さんの限られた学習時間を効率的に短縮できよう！

ここはテクニック紹介というよりも**「報告と速報のツボ」を紹介**する感じだ。しかし、これをマスターすれば、「速報」と「報告」の出題にはかなり対応できるので、役立ててほしい！

ということで、早速だが、「速報」のポイントから紹介しよう。**以下の4点がポイントだ！**

「速報」が必要となる事故とは…

①**5人以上の重傷者**か、②**10人以上の負傷者**を生じた事故

〔重傷者とは〕病院に入院することを要し、医師の治療を要する期間が30日以上の事故

③酒気帯び運転での事故

④自動車が**転覆・転落**したこと等により、消防法に規定する危険物、火薬類取締法に規定する**火薬類**などが飛散又は**漏えい**したもの

…これだけだ！（と理解しておこう）

「速報」が必要となる事故は他にもあるが、試験対策上はこれだけ！…と理解していればほぼ対応できる。つまり、例えば、旅客に1人以上の重傷者を生じた事故も「速報」が必要となるが、こちらについては、「貨物」の試験範囲というよりもむしろ、「旅客」の試験範囲といえる（実際、「旅客」の試験ではこのポイントが正否を分ける選択肢として出題されている）。そのため、「貨物」の試験では、おそらくこの点で正否を分ける問題が出る可能性は低いと思われる。

また、**2人以上の死者を出した事故**も「速報」すべき事故だが、死者を

複数出してしまうほどの大きな事故は「速報」が必要でしょ…と判断しやすい。

　ということで、まず「速報」はこの**4点！**…と覚えておけば、正解率をぐっと上げることができる。

「報告」よりも、**この「速報」についての問題はわかりやすい。**一度ポイントを押さえてしまえば、「速報」の問題が出てきた場合、もらった！…と思ってよいレベルだぞ。

　では続けて、「報告」についてのポイントも確認してしまおう。

　前提として、「報告」が必要な事故については、そもそも規定が多いので、「速報」に比べて、プラスαのテクニックを要する。

　つまり、そもそも「報告すべき事故」が多い以上、問題文を見たときに**基本的には「報告を要する事故」だよね**…との推測を立てたうえで、**以下の負傷者の程度・数と、事故に絡んだ自動車数が問題文に出てきた場合、それが正否を分ける問題**である！…と考える段階を踏む必要がある。

問題文中の事故のうち…

Ⅰ　**病院に入院することを要し、医師の治療を要する期間が30日以上の重傷者を生じた事故**

Ⅱ　**10台以上の自動車が絡む事故**（衝突・接触）

Ⅲ　**10人以上の負傷者が出た事故**

　…に**「報告」が必要**で、**正否を分ける選択肢**だ!!

まず、ポイントⅠについては「速報」の重傷者と同じである。

　このうち「入院」が必要という点が要注意であり、例えば、ある事故を起こしてしまい、治療を要する負傷者が出てしまったものの、その負傷者が入院までは要しない場合、「報告」は不要となる。もちろん、「速報」も不要だ。

　そして、ポイントⅡとⅢは、事故に遭ってしまった自動車か人間が「10 台」か「10 人」以上であれば、「報告」が必要となる。

　自動車であろうが、人であろうが、「10」という基準数が同じであり、これは覚えやすいであろう。

　念のため繰り返すが、「報告」が必要な事故は、他にも多数の規定があるのも事実だ。

　しかし、「報告」の問題については、「報告すべき事故」であろうと推測したうえで、このポイントⅠ～Ⅲに着目して、問題をチェックすることで正解できる可能性が高いし、今後もこの点で正否が分かれる可能性が高いと予想する。そして、平成 30 年度第 1 回の問 5 選択肢 2 は、ポイントⅢからの出題であった。

なお、「速報」を要する事故の方が大きい事故なので、「速報」を要する事故は、「報告」も当然必要…と考えていて問題ない（例えば、酒気帯び運転が絡む事故）。

　以上のように、「報告」と「速報」ともに、それぞれのポイントを押さえておけば、これらに関する問題は正解できるはずだ。

　本当にこれだけで正解できるの？…と思うかもしれないが、次ページより、実際の過去問を確認しつつ、その効果を実感していただこう。

② 本試験問題にトライ！

まずは、以下の問題を確認してみよう。

令和2年度第2回 **問 5**

自動車事故に関する次の記述のうち、一般貨物自動車運送事業者が自動車事故報告規則に基づき運輸支局長等に下線を引いた速報を要するものを2つ選び、解答用紙の該当する欄にマークしなさい。なお、解答にあたっては、各選択肢に記載されている事項以外は考慮しないものとする。

1．事業用自動車の運転者が一般道路を走行中、ハンドル操作を誤り積載されたコンテナを落下させた。

2．事業用自動車が、交差点で信号待ちで停車していた乗用車の発見が遅れ、ブレーキをかける間もなく追突した。この事故で、当該事業用自動車の運転者が30日の医師の治療を要する傷害を負うとともに、追突された乗用車の運転者1人が死亡した。

3．事業用自動車が高速道路を走行中、前方に渋滞により乗用車が停止していることに気づくのが遅れ、追突事故を引き起こした。この事故で、乗用車に乗車していた5人が重傷（自動車事故報告規則で定める傷害をいう。）を負い、当該高速道路の通行が2時間禁止された。

4．消防法に規定する危険物である灯油を積載した事業用のタンク車が、運搬途中の片側1車線の一般道のカーブ路においてハンドル操作を誤り、転覆し、積み荷の灯油の一部がタンクから漏えいする単独事故を引き起こした。この事故で、当該タンク車の運転者が軽傷を負った。

結論から書いてしまうと、選択肢1と2は「速報」を要しないもので、**選択肢3と4は、「速報」を要する**ものだ。

> まず、選択肢1について。自動車に積載されたコンテナが落下した事故は、国土交通大臣への**報告対象にはなる**ものの（事故報告規則2条6号）、運輸支局長等への**速報の必要はない**。

121

次に、選択肢2について。事故報告規則4条1項2号イによると、2人以上の死者を生じる事故が発生した場合は、運輸支局長等に速報することを要する。だが、本選択肢の場合、**死者は1人なので、速報を要しない**。また、同号ロによると、5人以上の重傷者を生じる事故が発生した場合にも運輸支局長等に速報することを要するが、本選択肢の場合、このケースにも該当しないため、やはり速報を要しない。

　また、選択肢3については、**5人以上の重傷者**が生じているため、速報が必要になる。最後に、選択肢4については、自動車が**転覆**したことにより、消防法に規定する危険物、火薬類取締法に規定する火薬類などが**漏えい**しているため、やはり速報を要する。

では、次の問題はどうであろうか。

令和元年度第1回 **問⑤**

自動車事故に関する次の記述のうち、一般貨物自動車運送事業者が自動車事故報告規則に基づき運輸支局長等に速報を要するものを2つ選び、解答用紙の該当する欄にマークしなさい。なお、解答にあたっては、各選択肢に記載されている事項以外は考慮しないものとする。

2．事業用自動車が交差点において乗用車と出会い頭の衝突事故を起こした。双方の運転者は共に軽傷であったが、当該事業用自動車の運転者が事故を警察官に報告した際、その運転者が道路交通法に規定する酒気帯び運転をしていたことが発覚した。

4．事業用自動車の運転者が高速自動車国道を走行中、ハンドル操作を誤り、道路の中央分離帯に衝突したことにより、当該事業用自動車に積載していた消防法に規定する危険物の灯油がタンクから一部漏えいした。この事故により当該自動車の運転者が軽傷を負った。

本問の場合、上に挙げた2つの選択肢は、**いずれも「速報」を要する**ものだ。

まず、選択肢2については、「**酒気帯び運転**」をしているため「**速報**」**が必要**になる。平成28年度第2回問5でも、選択肢2として出題された。

　そして、選択肢4については、**危険物が漏えいしているので**、やはり「**速報**」**が必要**になる。

　前に挙げたポイントをしっかりと押さえ、正解を導き出してほしい。

平成29年度第1回 問 ⑤

次の自動車事故に関する記述のうち、一般貨物自動車運送事業者が自動車事故報告規則に基づき国土交通大臣への報告を要するものを2つ選び、解答用紙の該当する欄にマークしなさい。なお、解答にあたっては、各選択肢に記載されている事項以外は考慮しないものとする。

3．事業用自動車を含む10台の自動車が衝突し、この事故で5名が負傷した。

4．事業用自動車が右折の際、原動機付自転車と接触し、当該原動機付自転車が転倒した。この事故で、原動機付自転車の運転者に通院による30日間の医師の治療を要する傷害を生じさせた。

　結論から書くと、**選択肢3は報告を要するもの**であり、**選択肢4は報告を要しないもの**である。

　まず、**選択肢3**については、ポイントⅡに挙げたように、**10台以上の自動車が絡む事故なので報告が必要**である。

　一方、**選択肢4**については、「**通院**による30日間の医師の治療を要する傷害」を生じさせているが、報告が必要なのは、「病院に**入院**することを要する傷害で、**医師の治療**を要する期間が**30日以上のもの**」である。したがって、報告をする必要はない。

　「通院」と「入院」の違いでヒッカケてくる問題は、平成30年度第1回問5（選択肢3）などにおいても出題されているので、要チェックだ。

では最後に、その他、出題された「報告を要するもの」に関する3問分を一気に確認してしまおう。

令和3年度CBT出題例 問 ⑤

1. 事業用自動車が左折したところ、左後方から走行してきた自転車を巻き込む事故を起した。この事故で、当該自転車に乗車していた者に通院による40日間の医師の治療を要する傷害を生じさせた。

令和4年度CBT出題例 問 ⑤

1. 事業用自動車が右折の際、原動機付自転車と接触し、当該原動機付自転車が転倒した。この事故で、原動機付自転車の運転者に30日間の通院による医師の治療を要する傷害を生じさせた。

令和2年度CBT出題例 問 ⑤

3. 事業用自動車が雨天時に緩い下り坂の道路を走行中、先頭を走行していた自動車が速度超過によりカーブを曲がりきれずにガードレールに衝突する事故を起こした。そこに当該事業用自動車を含む後続の自動車が止まりきれずに次々と衝突する事故となり、8台の自動車が衝突したが負傷者は生じなかった。

上に挙げた選択肢は、**すべて報告を要しない。**もう理由は大丈夫ですよね。**入院していないし、負傷者数も「10人」に達していないことに加え、10台以上の自動車が絡んでいないからだ。**

以上のように、「速報」と「報告」の問題は、それぞれのポイントを押さえていれば、正解率をグッと上げられる。

過去問を見てみれば明らかであるが、自動車事故の「速報」と「報告」に関する問題は、**毎回のように出題されている**。ということは、このテクニックを修得すれば、本試験で1問分正解を上乗せできることにつながるのだ。

　当然ながら、本書で紹介しているテクニックの中には、毎年出題されるとは限らない分野についてのものもある。だが、ここで紹介しているテクニックは、毎年のように出題される分野についてのものだから、勉強するにあたっての**コストパフォーマンスが非常に良い**といえるだろう。

「速報」と「報告」は超頻出。毎回出題されるのでそれぞれのポイントを完ペキに覚えること。

　全受験生に共通していえることだが、時間は有限なので、なるべく効率の良い使い方を心がけてほしい。具体的には、出題可能性が低い分野にエネルギーを注ぐよりも、**出題可能性が高い分野**により多くのエネルギーを注ぐ方が良いのだ。であれば、毎年のように出題されるこの分野の勉強は徹底的に行うべきである。

過去問データ

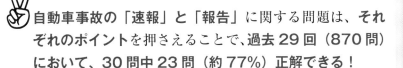

自動車事故の「速報」と「報告」に関する問題は、**それぞれのポイントを押さえることで**、**過去29回（870問）**において、**30問中23問（約77％）正解できる！**

テクニック 13

駐車・停車の禁止は「数字」がカギ！

道路交通法の分野で出題が多い「駐車・停車を禁止する場所」の問題は、「数字」がカギとなる場合が多い。頻出の数字を覚えておこう。

キメ技

1 ほぼ毎回のように…

本試験で「道路交通法」分野からは毎回5問出題されている。そのうちの1問は高確率で「**駐車・停車を禁止する場所**」からの出題であり、問題を解くカギとなるのが「**数字**」である。「合否を分ける」1問となる可能性もあるので、しっかり押さえておきたい。

2 カギとなる数字は…

では、カギとなる数字にはどのようなものがあるのだろうか。出題実績や出題可能性のある数字をピックアップしておくので参考にしてほしい。

【1メートル】
・車両は、**火災報知機**から**1メートル**以内の部分においては、**駐車**してはならない（道交法45条1項5号）。

【3メートル】
・車両は、人の**乗降**、貨物の**積卸し**、駐車又は自動車の格納若しくは修理のため道路外に設けられた施設又は場所の道路に接する自動車用の出入口から**3メートル**以内の部分においては、**駐車**してはならない（道交法45条1項1号）。

【3.5 メートル】

・車両は、法令の規定により駐車する場合に当該車両の**右側の道路**上に**3.5 メートル**（道路標識等により距離が指定されているときは、その距離）以上の余地がないこととなる場所においては、**駐車してはならない**。ただし、貨物の積卸しを行う場合で運転者がその車両を離れないとき、若しくは運転者がその車両を離れたが直ちに運転に従事することができる状態にあるとき、又は傷病者の救護のためやむを得ないときは、この限りでない（道交法 45 条 2 項）。

【5 メートル】

①車両は、**交差点の側端**又は道路の**曲がり角**から**5 メートル**以内の部分においては、法令の規定若しくは警察官の命令により、又は危険を防止するため一時停止する場合のほか、**停車し、又は駐車してはならない**（道交法 44 条 1 項 2 号）。

②車両は、**横断歩道**又は**自転車横断帯**の前後の側端からそれぞれ前後に**5 メートル**以内の部分においては、法令の規定若しくは警察官の命令により、又は危険を防止するため一時停止する場合のほか、**停車し、又は駐車してはならない**（道交法 44 条 1 項 3 号）。

③車両は、**道路工事**が行われている場合における当該**工事区域**の側端から**5 メートル**以内の部分においては、**駐車してはならない**（道交法 45 条 1 項 2 号）。

④車両は、**消防用機械器具**の置場若しくは消防用防火水槽の側端又はこれらの道路に接する出入口から**5 メートル**以内の部分においては、**駐車してはならない**（道交法 45 条 1 項 3 号）。

⑤車両は、**消火栓、指定消防水利**の標識が設けられている位置又は消防用防火水槽の吸水口若しくは吸管投入孔から**5 メートル**以内の部分においては、**駐車してはならない**（道交法 45 条 1 項 4 号）。

【10 メートル】

①車両は、**安全地帯**が設けられている道路の当該安全地帯の左側の部分及び当該部分の前後の側端からそれぞれ前後に**10 メートル**以内の部分においては、法令の規定若しくは警察官の命令により、又は危険を防止するため一時停止する場合のほか、**停車し、又は駐車し**

てはならない（道交法 44 条 1 項 4 号）。

②車両は、乗合自動車の**停留所**又はトロリーバス若しくは路面電車の**停留場**を表示する**標示柱**又は**標示板**が設けられている位置から **10 メートル以内の部分**（当該停留所又は停留場に係る運行系統に属する乗合自動車、トロリーバス又は路面電車の運行時間中に限る。）においては、法令の規定若しくは警察官の命令により、又は危険を防止するため一時停止する場合のほか、**停車**し、又は**駐車**してはならない（道交法 44 条 1 項 5 号）。

③車両は、**踏切**の前後の側端からそれぞれ前後に **10 メートル以内の部分**においては、法令の規定若しくは警察官の命令により、又は危険を防止するため一時停止する場合のほか、**停車**し、又は**駐車**してはならない（道交法 44 条 1 項 6 号）。

　ちなみに、覚える際のコツとしては、「**個数が少ないもの**」から覚えるというところだろうか。つまり、各 1 個ずつしかない「1 メートル」、「3 メートル」、「3.5 メートル」を先に覚えておくことだ。

3　本試験問題にトライ！
　では、実際の本試験問題を解いていこう。

令和 2 年度第 2 回　問⑭

道路交通法に定める停車及び駐車等についての次の記述のうち、<u>正しいもの</u>を **2 つ**選び、解答用紙の該当する欄にマークしなさい。なお、解答にあたっては、各選択肢に記載されている事項以外は考慮しないものとする。

1．車両は、人の乗降、貨物の積卸し、駐車又は自動車の格納若しくは修理のため道路外に設けられた施設又は場所の道路に接する自動車用の出入口から 5 メートル以内の道路の部分においては、駐車してはならない。

2．車両は、法令の規定により駐車しようとする場合には、当該車両

の右側の道路上に3メートル（道路標識等により距離が指定されているときは、その距離）以上の余地があれば駐車してもよい。

3．車両は、交差点の側端又は道路の曲がり角から5メートル以内の道路の部分においては、法令の規定若しくは警察官の命令により、又は危険を防止するため一時停止する場合のほか、停車し、又は駐車してはならない。

4．車両は、踏切の前後の側端からそれぞれ前後に10メートル以内の道路の部分においては、法令の規定若しくは警察官の命令により、又は危険を防止するため一時停止する場合のほか、停車し、又は駐車してはならない。

この問題の**正解は選択肢3と4**だ。

　まず、**選択肢1**について。車両は、人の**乗降**、貨物の**積卸し**、（中略）のため道路外に設けられた施設又は場所の道路に接する自動車用の出入口から**3メートル以内**の部分においては、駐車してはならない（道交法45条1項1号）。

　次に、**選択肢2**について。車両は、法令の規定により駐車する場合に当該車両の**右側の道路**上に**3.5メートル**（中略）以上の余地がないこととなる場所においては、**駐車**してはならない（道交法45条2項本文）。

　ここで、選択肢1と2が誤りということになり、正解は判明した。一応、選択肢3と選択肢4も解説しておこう。

　選択肢3について。車両は、**交差点**の側端又は道路の**曲がり角**から**5メートル以内**の部分においては、（中略）**停車**し、又は**駐車**してはならない（道交法44条1項2号）。

　選択肢4について。車両は、**踏切**の前後の側端からそれぞれ前後に**10メートル以内**の部分においては、（中略）**停車**し、又は**駐車**してはならない（道交法44条1項6号）。

　いずれも規定どおりなので、正しい。

どんどん確認していこう。

道路交通法に定める停車及び駐車を禁止する場所についての次の文中、A、B、C、D に入るべき字句を下の枠内の選択肢（①～③）から選び、解答用紙の該当する欄にマークしなさい。なお、各選択肢は、法令の規定若しくは警察官の命令により、又は危険を防止するため一時停止する場合には当たらないものとする。また、解答にあたっては、各選択肢に記載されている事項以外は考慮しないものとする。

1．車両は、交差点の側端又は道路の曲がり角から　A　以内の道路の部分においては、停車し、又は駐車してはならない。

2．車両は、横断歩道又は自転車横断帯の前後の側端からそれぞれ前後に　B　以内の道路の部分においては、停車し、又は駐車してはならない。

3．車両は、安全地帯が設けられている道路の当該安全地帯の左側の部分及び当該部分の前後の側端からそれぞれ前後に　C　以内の道路の部分においては、停車し、又は駐車してはならない。

4．車両は、踏切の前後の側端からそれぞれ前後に　D　以内の部分においては、停車し、又は駐車してはならない。

> ① 3 メートル　　　　② 5 メートル　　　　③ 10 メートル

わかりますよね。A は② 5 メートル、B は② 5 メートル、そして C は③ 10 メートル、D は③ 10 メートルが入る。

今後も出題が予想される分野なので、しっかり押さえておこう。

なお、選択肢1の「まがりかど」という部分は、法改正により現在は「曲がり角」となった。

第2編　ウラ技編

テクニック

14

大型の普通貨物自動車への義務付けは正しい！

ある一定のパターンの問題について、大型の普通貨物自動車への義務付け内容に関する問題は、正しい確率が高い！

ラク技

１　大型の普通貨物自動車への安全運行の措置

　ここにきて問題のマニアック度が上がるが、**分野で言うと２つ目の車両法**で出題される話だ。

　「車両総重量が８トン（場合により７トン）以上」又は「最大積載量が５トン（場合により４トン）以上」の大型の普通貨物自動車（以下これらについて、この項目中は「**大型の普通貨物自動車**」とする）に関する問題では、運行記録計や速度抑制装置を装備する必要があるか？　日常点検において特定の項目を点検する必要があるか？…が問われている。

　そして、このパターンの問題について、**大型の普通貨物自動車への義務付けを行う内容の選択肢は、正しい確率が高い！**…という傾向だ。その確率は69％にも及んでいる。

　何故このような傾向があるのかと言えば、大型の普通貨物自動車を適切に運転するための操作技術は修練を要するために、従来より、操作技術が未熟な運転者による交通死亡事故の発生が多いという事情があった。

　そのため、**大型の普通貨物自動車による事故を未然に防止することに対する公共的要請は極めて高く**、法令により、大型の普通貨物自動車による

事故を未然に防止するための様々な制限が徹底的に規定されている。

　このような背景から、出題者としては、大型の普通貨物自動車による事故の**徹底的な**防止措置の必要性を**素直に問う（正しい）選択肢を出題**することで、貨物運送事業に携わっていくであろう受験生に、その**防止措置の必要性への意識を真正面からストレートに浸透させたい**…という思いがあるのではと想像している。

2　本試験問題にトライ！

　では実際に、大型の普通貨物自動車に関する過去問を見ながら、この傾向を確認してみよう。

令和3年度CBT出題例 **問** **⑧**（改題）

一般貨物自動車運送事業者（以下「事業者」という。）の事業用自動車の運行に係る記録等に関する次の記述のうち、【正しいものを2つ】選びなさい。なお、解答にあたっては、各選択肢に記載されている事項以外は考慮しないものとする。

　2．事業者は、車両総重量が8トン以上又は最大積載量が5トン以上の普通自動車である事業用自動車に運転者等を運行の業務に従事させた場合にあっては、当該業務を行った運転者等ごとに貨物の積載状況を「業務の記録」に記録させ、かつ、その記録を1年間保存しなければならない。

この**選択肢2は正しい**。

　根拠条文は安全規則8条1項6号イであるが、仮に知らなかったとしても、**「車両総重量が8トン以上又は最大積載量が5トン以上の…」**という部分を見て、正しいと推測することが可能である。

132

ドライバーの長時間労働是正のため、荷待時間、荷役時間も業務記録の記載対象となっているので覚えておこう！

では、次の問題を見てみよう。

令和2年度第1回　問8（改題）

一般貨物自動車運送事業者が運転者等に記録させる業務の記録についての次の記述のうち、誤っているものを1つ選び、解答用紙の該当する欄にマークしなさい。なお、解答にあたっては、各選択肢に記載されている事項以外は考慮しないものとする。

3．事業用自動車に係る運転者等の業務について、車両総重量が8トン以上又は最大積載量が5トン以上の普通自動車である事業用自動車の運行の業務に従事した場合にあって、荷主の都合により集貨又は配達を行った地点（以下「集貨地点等」という。）で30分以上待機したときは、①集貨地点等、②集貨地点等に到着した日時、③集貨地点等における積込み又は取卸しの開始及び終了の日時、④集貨地点等から出発した日時等を、当該業務を行った運転者等ごとに「業務の記録」に記録させなければならない。

この**選択肢3は正しい！**

　安全規則8条1項6号ロにより、**車両総重量が8トン以上又は最大積載量が5トン以上**の普通自動車である事業用自動車の運行の業務に従事した場合であって、**荷主の都合により集貨地点等で待機**した場合、①集貨地点等、②集貨地点等への到着の日時を荷主から指定された場合にあっては当該日時、③集貨地点等に到着し

た日時、④集貨地点等における積込み又は取卸し（荷役作業）の開始及び終了の日時、⑤集貨地点等で貨物の荷造り、仕分けその他の貨物自動車運送事業に附帯する業務（附帯業務）を実施した場合は附帯業務の開始及び終了の日時、⑥集貨地点等から出発した日時を「業務の記録」に記録しなければならない旨が規定されている。

では、次の問題も見てみよう。

令和2年度CBT　問⑫

道路運送車両の保安基準及びその細目を定める告示についての次の記述のうち、【誤っているものを1つ】選びなさい。なお、解答にあたっては、各選択肢に記載されている事項以外は考慮しないものとする。

2．貨物の運送の用に供する普通自動車であって、車両総重量が7トン以上のものの後面には、所定の後部反射器を備えるほか、反射光の色、明るさ等に関し告示で定める基準に適合する大型後部反射器を備えなければならない。

この**選択肢2は正しい！**

　なお、こちらは「**車両総重量が7トン以上**」のパターンだが、大型の普通貨物自動車であることには変わりない。よって、この選択肢は正しいと推測できる（実際、正しい）。
　ちなみに、根拠条文は、保安基準38条の2第1項及び第2項である。覚えておくに越したことはないが、仮にこの知識を知らなかった場合でも、慌てずに対処しよう。

もう1問確認しておこう。

令和2年度第1回　問⑫

道路運送車両の保安基準及びその細目を定める告示についての次の記述のうち、**誤っているものを1つ選び**、解答用紙の該当する欄にマークしなさい。なお、解答にあたっては、各選択肢に記載されている事項以外は考慮しないものとする。

2．貨物の運送の用に供する普通自動車であって、車両総重量が8トン以上又は最大積載量が5トン以上のものの原動機には、自動車が時速90キロメートルを超えて走行しないよう燃料の供給を調整し、かつ、自動車の速度の制御を円滑に行うことができるものとして、告示で定める基準に適合する速度抑制装置を備えなければならない。

この選択肢2も正しい！

　なお、こちらは「**車両総重量が8トン以上又は最大積載量が5トン以上**」のパターンである。もちろん、根拠条文である保安基準8条4項1号及び同条5項の規定を覚えておくのがベストだが、仮に覚え切れていなかったとしても、このテクニックを使えば問題を解けることが分かるはずだ。

　ちなみに、**保安基準**に関する問題は、**毎回のように出題されている**。しかも、大型車両絡みの問題が出題されがちなため、このテクニックを上手く用いることができれば1点獲得できるチャンスが上がるのだ。受験生の皆様は、以上のポイントをしっかり頭に入れておいてほしい。

　このように、**大型の普通貨物自動車である事業用自動車**について、何らかの義務付けを行う内容の選択肢は、**高い確率で正しいと推測**することができる。

　選択肢を絞ることができれば時間に余裕も生まれる。テクニックをうまく活用してほしい。

3 例外パターンもチェック！

前ページの問題と非常によく似ているが、このテクニックが該当しない例外パターンもあるので、検討しておくことにしよう。

平成30年度第2回 問⑫

道路運送車両の保安基準及びその細目を定める告示についての次の記述のうち、**誤っているものを1つ**選び、解答用紙の該当する欄にマークしなさい。なお、解答にあたっては、各選択肢に記載されている事項以外は考慮しないものとする。

4．貨物の運送の用に供する普通自動車であって、車両総重量が8トン以上又は最大積載量が5トン以上のものの原動機には、自動車が時速100キロメートルを超えて走行しないよう燃料の供給を調整し、かつ、自動車の速度の制御を円滑に行うことができるものとして、告示で定める基準に適合する速度抑制装置を備えなければならない。

残念ながら、この**選択肢4は誤っている**。

貨物の運送の用に供する大型の普通貨物自動車には、確かに、速度抑制装置を備えなければならないのだが、この**速度抑制装置は、自動車が90キロメートル毎時を超えて走行しないよう**燃料の供給を調整し、かつ、自動車の速度の制御を円滑に行うことができるものとして、速度制御性能等に関し告示で定める基準に適合するものでなければならないと規定されている（保安基準8条4項1号、5項）。

この選択肢は、時速**90**キロというスピードの部分で誤りとする点で、比較的難しい部類の問題であろう。悔しいところではあるが、やむを得ない。

しかし、合格するためには満点を取る必要はない。こういうコトもある…と割り切って、前に進んでほしい！（言い訳っぽいですね…）

最後にもう1問だけ、確認しておこう。

令和2年度第2回 問 8

一般貨物自動車運送事業者（以下「事業者」という。）の貨物の積載等に関する次の記述のうち、**誤っているものを1つ選び**、解答用紙の該当する欄にマークしなさい。なお、解答にあたっては、各選択肢に記載されている事項以外は考慮しないものとする。

2．事業者は、事業用自動車に貨物を積載するときに偏荷重が生じないように積載するとともに、運搬中に荷崩れ等により事業用自動車から落下することを防止するため、貨物にロープ又はシートを掛けること等**必要な措置を講じなければならない**とされている。この措置を講じなければならないとされる事業用自動車は、車両総重量が8トン以上又は最大積載量が5トン以上のものに限られる。

残念ながら、この**選択肢2も誤っている**。

　安全規則5条によると、「偏荷重が生じないように積載すること」及び「貨物が運搬中に荷崩れ等により事業用自動車から落下することを防止するため、貨物にロープ又はシートを掛けること等必要な措置を講ずること」は、**車両総重量が8トン以上又は最大積載量が5トン以上の事業用自動車に限らず、すべての事業用自動車に貨物を積載する場合において必要**とされている。

　以上のように、例外はあるものの下記データにあるとおり、高確率で該当するテクニックなので、1つの拠りどころにしてはいかがであろうか。

過去問データ

✌️ **大型の普通貨物自動車**である事業用自動車に対する**義務付け**に関する問題は、過去29回（870問）において、約69%（49肢中34肢）が正しい！

第2編 ウラ技編

テクニック **15**

各種現象を押さえておこう！

本試験において頻繁に出題される、自動車運転時の各種現象。覚える量はそれほど多くないが、油断していると足をすくわれる可能性が高い。ここで一度、総ざらいしておこう。

キメ技

1 各種現象とその特徴

　今回取り上げるのは、5つめの分野である「**実務上の知識及び能力**」において頻出の「**各種現象**」についてである。

　読んで字のごとく…といえばそこまでなのだが、自動車運転時には気をつけるべき「現象」がいくつか存在する。当該現象は交通事故につながる危険性をはらんでおり、特徴と対策を押さえておくことが必須となっている。

　そのため、近年の本試験においてもかなり高い確率で出題が見られ、場合によっては合否を分けるような問となっている。とはいうものの、覚えるべき現象の数はそれほど多くない。

　以上の前提を踏まえ、ここらで各種現象について一通り押さえておくのが良いと思う。初学者はもちろんのこと、学習経験者もこの項目をざっと読んで、本試験に備えてほしい。

　やや前置きが長くなったが、以下に各種現象やその特徴等を記しておく。

現象名	特徴	対策
蒸発現象	自動車の夜間の走行時において、自車のライトと対向車のライトで、お互いの光が**反射**し合い、その間にいる歩行者や自転車が見えなくなること。	・スピードの出し過ぎを防ぎ、安全に止まれる速さで走行する。 ・対向車のライトが見えた場合、左右を見渡して歩行者や自転車の有無を確認する。

ハイドロプレーニング現象	路面が水で覆われているときに高速で走行するとタイヤの排水作用が悪くなり、水上を**滑走**する状態になって操縦不能になること。	・日頃から、スピードを抑えた走行に努める。 ・タイヤの空気圧及び溝の深さが適当であることを日常点検で確認する。
ベーパー・ロック現象	長い下り坂などでフット・ブレーキを使い過ぎると、ブレーキ・ドラムやブレーキ・ライニングなどが摩擦のため過熱してその熱がブレーキ液に伝わり、液内に**気泡**が発生する結果、ブレーキが正常に作用しなくなり効きが低下すること。	・長い下り坂などでは、エンジン・ブレーキ等を使用し、フット・ブレーキのみの使用を避ける。
フェード現象	長い下り坂などでフット・ブレーキを使い過ぎると、ブレーキ・ドラムやブレーキ・ライニングなどが摩擦のため過熱してドラムとライニングの間の摩擦力が減り、**制動力が低下**すること。	・長い下り坂などでは、エンジン・ブレーキ等を使用し、フット・ブレーキのみの使用を避ける。
スタンディング・ウェーブ現象	タイヤの空気圧不足で高速走行したときに、タイヤに**波打ち**現象が生じ、セパレーション（剥離）やコード切れ等が発生すること。	・タイヤの空気圧が適当であることを、日常点検で確認する。
ウェット・スキッド現象	雨の降り始めに、路面の油や土砂などの微粒子が雨と混じって滑りやすい**膜**を形成するため、タイヤと路面との摩擦係数が低下し急ブレーキをかけたときなどにスリップすること。	・雨の降り始めには速度を落とし、車間距離を十分にとって、不用意な急ハンドルや急ブレーキを避ける。
クリープ現象	自動車の停車中にブレーキから足を離したときに、自動車がゆっくりと**動き出す**こと。	・停車時にブレーキペダルから足を離さないようにする。

　覚えるべき現象は、上述した7つである。

　特に注意が必要なのは、ベーパー・ロック現象とフェード現象である。これらは類似しているため、混同しがちな受験生も多い。しっかりと区別して押さえておこう。

2 本試験問題にトライ！

さて、ここまで各種現象の名称や特徴、対策等について簡単に記してきた。ここからは、実際の本試験問題を確認し、知識の定着を図ろう。

まずは、この問題だ。

令和4年度CBT 出題例 問 28

自動車の運転等に関する次の記述のうち、【適切なものを2つ】選びなさい。なお、解答にあたっては、各選択肢に記載されている事項以外は考慮しないものとする。

1．自動車の夜間の走行時において、自車のライトと対向車のライトで、お互いの光が重なり合い、その間にいる歩行者や自転車が見えなくなることをクリープ現象という。

この選択肢は「誤り」である！

上記各種現象の名称と特徴をご覧になれば一目瞭然だが、本選択肢は「**蒸発現象**」の説明である。そのため、当該現象を「**クリープ現象**」としている本選択肢は誤りとなるのだ。

（後述するが）類似の問題も何度か出題されているので、しっかりと押さえておいてほしい。

では、次の問題を見ていこう。

令和3年度CBT 出題例 問 28

1．自動車の夜間の走行時において、自車のライトと対向車のライトで、お互いの光が反射し合い、その間にいる歩行者や自転車が見えなくなることを［ A ］という。

A：①蒸発現象　②クリープ現象

前述した問題と類似しているため、ここまでの記述をしっかりお読みになっている方は、すぐに答えが出せただろう。そう、答えは①（**蒸発現象**）だ。

　「自動車の夜間の走行時において、自車のライトと対向車のライトで、お互いの光が**反射**し合い、その間にいる歩行者や自転車が見えなくなること」が蒸発現象であるということを押さえておけば、秒殺できる問題だ。

　さあ、どんどん見ていこう。

令和3年度 CBT 出題例 問28

3．長い下り坂などでフット・ブレーキを使い過ぎるとブレーキ・ドラムやブレーキ・ライニングなどが摩擦のため過熱することによりドラムとライニングの間の摩擦力が減り、制動力が低下することを［ C ］という。

C：①ベーパー・ロック現象　②フェード現象

「注意が必要」と付記しておいた箇所が、実際に問われたケースである。

　なお、本選択肢の正解は②（**フェード現象**）である。**フェード現象**は、「長い下り坂などでフット・ブレーキを使い過ぎると、ブレーキ・ドラムやブレーキ・ライニングなどが摩擦のため過熱してドラムとライニングの間の摩擦力が**減り**、**制動力が低下**すること」である。

　ちなみに、英単語でfade（フェード）の意味を調べると、「弱まる・薄くなる・衰える」といった表現が目につく。試験本番で正解をド忘れしてしまった場合も、英単語の意味（原点）に立ち返ることで、正解を導ける可能性もあるのだ。余裕のある方は、本来の意味も押さえておこう。

　もう1問確認しておこう。

平成30年度第2回 問27

自動車の走行時に生じる諸現象とその主な対策に関する次の文中、A、B、C、D に入るべき字句としていずれか正しいものを1つ選び、解答

用紙の該当する欄にマークしなさい。

ア　　A　とは、路面が水でおおわれているときに高速で走行するとタイヤの排水作用が悪くなり、水上を滑走する状態になって操縦不能になることをいう。これを防ぐため、日頃よりスピードを抑えた走行に努めるべきことや、タイヤの空気圧及び溝の深さが適当であることを日常点検で確認することの重要性を、運転者に対し指導する必要がある。

　　1．ハイドロプレーニング現象　　2．ウェットスキッド現象

イ　　B　とは、自動車の夜間の走行時において、自車のライトと対向車のライトで、お互いの光が反射し合い、その間にいる歩行者や自転車が見えなくなることをいう。この状況は暗い道路で特に起こりやすいので、夜間の走行の際には十分注意するよう運転者に対し指導する必要がある。

　　1．クリープ現象　　2．蒸発現象

ウ　　C　とは、フット・ブレーキを使い過ぎると、ブレーキ・ドラムやブレーキ・ライニングなどが摩擦のため過熱してその熱がブレーキ液に伝わり、液内に気泡が発生することによりブレーキが正常に作用しなくなり効きが低下することをいう。これを防ぐため、長い下り坂などでは、エンジン・ブレーキ等を使用し、フット・ブレーキのみの使用を避けるよう運転者に対し指導する必要がある。

　　1．ベーパー・ロック現象　　2．スタンディングウェーブ現象

　さあ、総合的な問題の登場だ。とはいうものの、ここまでの内容がしっかりと頭に入っていれば、それほど恐れることもないだろう。

　正解は順に、1（ハイドロプレーニング現象）、2（蒸発現象）、1（ベーパー・ロック現象）である。

　「路面が水で覆われているときに高速で走行するとタイヤの排水作用が悪くなり、水上を**滑走**する状態になって**操縦不能になること**」が**ハイドロプレーニング現象**であること、「長い下り坂などでフット・ブレーキを使い過ぎると、ブレーキ・ドラムやブレーキ・ライニングなどが摩擦のため過熱してその熱がブレーキ液に伝わり、液内に**気泡**が発生する結果、**ブレーキが**

正常に作用しなくなり効きが低下すること」がベーパー・ロック現象であることは、それぞれしっかりと押さえておいてほしい。

　ちなみに、英単語でhydro（ハイドロ）とは、「水の」といった意味がある。また、vapor（ベーパー）は「蒸気」の意味があり、lock（ロック）には「動かなくする、阻害する」という意味がある。

　これらから連想し、「ハイドロ」＝「水上」、「ベーパー・ロック」＝「蒸気が燃料の流入を阻害する」＝「気泡ができる」といった形で問題を解くことも、全く問題ない。

　やや語弊があるかもしれないが、試験本番では「正解が出せる」ことが最重要なのである。本章の中身をしっかりと押さえ、本番で正解を導いてほしい。

　なお、過去問の紹介はしなかったが、他の現象における英単語の意味についても、ざっと押さえておきたい。まず、standing wave（スタンディング・ウェーブ）について。こちらは「定常波」と呼ばれるものであるため、「波打つ」という表現を見つけたら、**スタンディング・ウェーブ現象**だと考えて良いだろう。

　また、wet（ウェット）は「濡れている」という意味であり、skid（スキッド）は「滑る」という意味である。これらを踏まえて**ウェット・スキッド現象**の特徴を再見すると、とても分かりやすいのではないだろうか。

　最後に、creep（クリープ）について。こちらは、文字通り「のろのろ進む」という意味を帯びている。試験において、クリープ現象はダミーの選択肢として出題されることが多いのだが、一応、本来の意味も押さえておいてほしい。

過去問データ

　運転時に起こる各種現象に関する問題は、このテクニックで過去29回（870問）中、100％（18肢中18肢）正解できる！

「アルコール検知器」を使用する選択肢は正しい!

運転者に対する点呼に関する問題において、「アルコール検知器」の使用・不使用と選択肢の適否・正誤には対応関係がありそうだ!

ラク技

❶ 「アルコール検知器」で、酒気帯びの有無を確認せよ!

　ここでは「アルコール検知器」ものの出題パターンについて紹介したい。分野としては「実務上の知識及び能力」という最後の分野での出題が多いが、貨運法の分野でも出題されることがある。

　さて、特に「実務上の知識及び能力」の分野では、実際の貨物自動車運送事業の現場において、運行管理者の業務上の判断の適否を問う形式の問題が出題されるが、この手の問題は、各法律の条文を丸暗記しておけばイイというものではなく、**実際の現場で、各法律の趣旨・目的に適った業務を遂行できるか否か?**…といった、まさに運行管理者としての実務上の知識と能力が問われている。

　そして近年、この分野で頻出している問題に、**運転者に対する乗務点呼において、酒気帯びの有無を確認する場合の「アルコール検知器」の使用の要否についての問題があるのだが**（貨運法分野での「乗務点呼」に関する問題としても出題されている）、この手の問題に関しては、統計的な1つの傾向を見出すことができる。それが、次の傾向だ。

「アルコール検知器」に関する問題は…

「アルコール検知器」を使用している選択肢　➡正しい・適切

「アルコール検知器」を使用していない選択肢　➡誤り・不適切

　そう、「アルコール検知器」を「使用」しているか、していないかをチェックするだけで、正解を導く可能性を高めることができるのだ。これだけの話なので、実際の問題を確認してもらおう！

❷　本試験問題にトライ！
　まずは、この問題から確認してみよう。

令和2年度第1回　問㉔（改題）

運行管理者の日常業務の記録等に関する次の記述のうち、適切なものには解答用紙の「適」の欄に、適切でないものには解答用紙の「不適」の欄にマークしなさい。なお、解答にあたっては、各選択肢に記載されている事項以外は考慮しないものとする。

4．運行管理者は、事業用自動車の運転者に対する業務前点呼において、酒気帯びの有無については、目視等で確認するほか、アルコール検知器を用いて確認するとともに、点呼を行った旨並びに報告及び指示の内容等を記録し、かつ、その記録を1年間保存している。

　さぁ、どうであろうか？
　難しく考えることはない。「アルコール検知器」を「使用」している。ならば適切じゃないかな？…というテクニックであり、実際にそのとおり、適切な選択肢なのだ！

本当にそうなのかを確認すると、貨運法に基づき規定されている安全規則7条4項は、貨物自動車運送事業者は、**アルコール検知器を営業所ごとに備え、常時有効に保持するとともに、酒気帯びの有無について確認を行う場合には、**運転者の状態を**目視等で確認する**ほか、当該運転者の属する営業所に備えられた**アルコール検知器を用いて行わなければならない**と規定している。そして、この規定は運行管理者にも準用されている（同規則20条1項8号）。

　また、アルコール検知器は携帯型のものも認められている。

　以上を前提にこの選択肢4を考えると、運行管理者の措置は**適切な**ものだといえる。

酒気帯びの有無は、**体内のわずかなアルコールの残存まで**も考慮に入れてチェックすべきなので、「**目視＋アルコール検知器**」によるチェックが求められるのだ。

では、次の問題はどうであろうか。

令和2年度第2回　問24（改題）

貨物自動車運送事業の事業用自動車の運転者に対する点呼の実施等に関する次の記述のうち、適切なものには解答用紙の「適」の欄に、適切でないものには解答用紙の「不適」の欄にマークしなさい。なお、解答にあたっては、各選択肢に記載されている事項以外は考慮しないものとする。

4．業務前の点呼においてアルコール検知器を使用するのは、身体に保有している酒気帯びの有無を確認するためのものであり、道路交通法施行令で定める呼気中のアルコール濃度1リットル当たり0.15ミリグラム以上であるか否かを判定するためのものではない。

この選択肢4も「アルコール検知器」を「使用」しており、**適切だ！**

確認してみると、貨物自動車運送事業者は、事業用自動車の業務に従事しようとする運転者に対し、点呼を行い、酒気帯びの有無について報告を求め、確認を行わなければならないが（安全規則7条1項1号）、「酒気帯びの有無」は、道交法施行令44条の3に規定する**血液中のアルコール濃度0.3mg/ml又は呼気中のアルコール濃度0.15mg/l以上である**か否かを問わないものとされているため（通達「安全規則の解釈及び運用について」）、**この選択肢4は適切な内容**となる。

さて、もう1問見てみよう。

令和2年度第2回　問4（改題）

貨物自動車運送事業の事業用自動車の運転者（以下「運転者」という。）に対する点呼に関する次の記述のうち、<u>正しいものをすべて選び</u>、解答用紙の該当する欄にマークしなさい。なお、解答にあたっては、各選択肢に記載されている事項以外は考慮しないものとする。

2．運転者が所属する営業所において、対面により業務前の点呼を行う場合は、法令の規定により酒気帯びの有無について、運転者の顔色、呼気の臭い、応答の声の調子等を目視等により確認するほか、当該営業所に備えられたアルコール検知器を用いて確認を行わなければならない。

この選択肢2は、アルコール検知器を用いているから正しい！

念のため、根拠条文を確認しておこう。

まずは、前述した安全規則7条4項が根拠条文となる。同条文には、貨物自動車運送事業者は、**アルコール検知器を営業所ごとに備え、常時有効に保持する**とともに、酒気帯びの有無について確認を行う場合には、運転者の状態を**目視等で確認**するほか、当該運転者の属する営業所に備えられ

たアルコール検知器を用いて行わなければならないと規定されている。

　また、安全規則の解釈及び運用について7条2（5）には、「**目視等で確認**」とは、運転者の**顔色**、呼気の**臭い**、応答の**声の調子**等で確認することをいう。なお、対面でなく電話その他の方法で点呼をする場合には、運転者の応答の声の調子等電話等を受けた運行管理者等が確認できる方法で行うものとすると規定されている。

　以上より、この選択肢2が正しいことが分かる。

　以上のように、「アルコール検知器」を「使用」する選択肢は適切になるという傾向がある。では逆に、「アルコール検知器」を「使用していない」内容の選択肢はどうであろうか？

平成30年度第2回　問④（改題）

貨物自動車運送事業の事業用自動車の運転者に対する点呼に関する次の記述のうち、正しいものをすべて選び、解答用紙の該当する欄にマークしなさい。なお、解答にあたっては、各選択肢に記載されている事項以外は考慮しないものとする。

4．業務終了後の点呼における運転者の酒気帯びの有無については、当該運転者からの報告と目視等による確認で酒気を帯びていないと判断できる場合は、アルコール検知器を用いての確認は実施する必要はない。

この**選択肢4は誤っている**。

　前ページでも説明したとおり、安全規則7条4項によると、貨物自動車運送事業者は、運転者に対する点呼の際、酒気帯びの有無について確認を行う場合には、運転者の状態を目視等で確認するほか、当該運転者の属する営業所に備えられた**アルコール検知器を用いて行わなければならない**とされている。よって、運転者からの報告と目視等による確認だけで酒気帯びの有無を判断している本選択肢は、**誤り**となるのだ。

このように、アルコール検知器を「使用していない」選択肢は、不適切になっている。もちろん、これらの推測は論理必然的な推測ではなく、従来の出題傾向による推測にすぎないため、出題の仕方を変更してしまえば、いかようにも結果が変わってしまう。

しかし、判断に迷った場合は**変に勘繰ってしまう**より、この傾向に従ってマークしておいたほうが正解できる可能性がグッと高まるのだ。

3　例外パターンもチェック！

残念ながら、このテクニックにも例外があるので、例外パターンも確認しておこう。

平成29年度第2回 問24（改題）

点呼の実施等に関する次の記述のうち、適切なものには解答用紙の「適」の欄に、適切でないものには解答用紙の「不適」の欄にマークしなさい。なお、解答にあたっては、各選択肢に記載されている事項以外は考慮しないものとする。

1．業務前の点呼における酒気帯びの有無を確認するため、アルコール検知器を使用しなければならないとされているが、アルコール検知器を使用する理由は、身体に保有しているアルコールの程度を測定し、道路交通法施行令で定める呼気1リットル当たり0.15ミリグラム以上であるか否かを判定するためである。

残念ながら、この**選択肢1は不適切**である。

簡単に解説しておこう。通達（「貨物自動車運送事業輸送安全規則の解釈及び運用について」）によると、「酒気帯びの有無」は、道交法施行令で定める**呼気1リットル当たりのアルコール含有量0.15ミリグラム以上であるか否かを問わないもの**とされている。したがって、本選択肢における対応は不適切なのである。なお、お気づきの方もいるかと思うが、この

選択肢は、146ページの令和2年度第2回問24（選択肢4）を裏返したものである。セットで押さえておくとよいだろう。

もう1問だけ、見ておこう。

平成30年度第1回 問 4

貨物自動車運送事業の事業用自動車の運転者に対する点呼に関する次の記述のうち、<u>正しいものをすべて選び</u>、解答用紙の該当する欄にマークしなさい。なお、解答にあたっては、各選択肢に記載されている事項以外は考慮しないものとする。

4．運転者が所属する営業所において、アルコール検知器により酒気帯びの有無について確認を行う場合には、当該営業所に備えられたアルコール検知器を用いて行わなければならないが、当該アルコール検知器が故障等により使用できない場合は、当該アルコール検知器と同等の性能を有したものであれば、当該営業所に備えられたものでなくてもこれを使用して確認することができる。

この**選択肢4**も、**不適切**である。

　端的な話、事業者は、**そもそも**アルコール検知器を**常時有効に保持する義務**（安全規則7条4項）を怠っている時点で、**適切ではない**…と考えてよい。

以上のような“例外パターン”はあるのだが、以下のような対応策がある。

■**例外パターンを回避する方法**■

①アルコール検知器を使用する理由が、**呼気1リットル当たりのアル**

コール含有量 0.15 ミリグラム以上であるか否かを判定するためで
あるとしているパターン。

➡不適切な選択肢となる。

通達（「貨物自動車運送事業輸送安全規則の解釈及び運用につい
て」）によると、「酒気帯びの有無」は、道交法施行令で定める呼
気1リットル当たりのアルコール含有量 0.15 ミリグラム以上で
あるか否かを問わないものとされているため。

②所属営業所に備えられたアルコール検知器が故障してしまっている
パターン。

➡不適切な選択肢となる。

そもそもアルコール検知器を「常時有効に保持する義務」に違反し
ている。この場合、別のアルコール検知器の使用は、認められない。

上記のチェックまで行えれば、より正解に近づけると補足しておく。

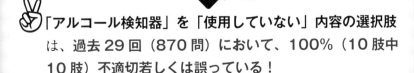

過去問データ

「アルコール検知器」を「使用」している内容の選択肢は、
過去 29 回（870 問）において、約 78％（27 肢中 21 肢）
が適切若しくは正しい！

さらに…

「アルコール検知器」を「使用していない」内容の選択肢
は、過去 29 回（870 問）において、100％（10 肢中
10 肢）不適切若しくは誤っている！

最善の管理を尽くして、尽くしまくれ！

運行管理者制度の最も大切な目的である「事業用自動車の運行の安全の確保」を達成するのに、ふさわしい視点を押さえておこう！

キメ技

1 運行管理者に最も大切なマインドとは？

　いよいよ第2章で紹介するテクニックもこれで最後だ。最後に運行管理者に求められるマインドにかかわる大事な話を紹介して、この第2章を終えようと思う。

　「実務上の知識及び能力」の分野では、貨物自動車運送事業の現場において、**運行管理者が管理業務を遂行する上で備えるべきマインド（思考方法）**の存否を試す問題が数多く出題されている。

　これらの問題を正解するには、単に関連法令の知識を覚えていればよいわけではなく、様々な管理業務の遂行場面において、**運行管理者として最も適切な行為は何か？**…という点を理解していなければならない。

　関連法令の知識は、覚えてさえいれば得点に結び付けられる…という対策を立てられるが、「運行管理者としてのマインド」といった漠然としたものを試されるとすると、どのようにそれを身に付けるのかがわからず、対策の立てようがない…と心配する受験生もいるであろう。

　しかし、心配はいらない。それは、たった1つの意識だけで身に付ける

ことができるのだ。それこそ…、

運行管理者は、運行の安全を確保するために、
念を入れて慎重に、最善の管理手段を尽くして、尽くしまくる！

…という意識、これだけなのだ！

この意識をもっていれば、「実務上の知識及び能力」における多くの問題は難なく解けるようになる。

当たり前じゃん？…と思うかもしれないが、このマインドを前提にして、今一度、過去問を検討してみよう。

② 本試験問題にトライ！

令和 4 年度 CBT 出題例　問

一般貨物自動車運送事業者が事業用自動車の運転者等に対して行う指導・監督に関する次の記述のうち、【適切なものをすべて】選びなさい。なお、解答にあたっては、各選択肢に記載されている事項以外は考慮しないものとする。

2．危険ドラッグ等の薬物を使用して運転した場合には、重大な事故を引き起こす危険性が高まり、その結果取り返しのつかない被害を生じることもあることから、運行管理者は、常日頃からこれらの薬物を使用しないよう、運転者等に対し強く指導している。

この選択肢2は適切である！
　昨今、いわゆる「危険ドラッグ」等の薬物問題が世間を賑わせている。関連するところでいえば、「大麻グミ」や「大麻クッキー」等の法規制をかいくぐるような製品の製造・流通も行われているようだ。

当然、規制する側もこうした動きには敏感であるから、新しい商品が出てくる度に規制をかけていくのだが、そうした規制から逃れるための動きもまた活発になってくる。結果として、「いたちごっこ」の状態が続くこととなる。

　…と、ここまで前提を長々と書き連ねてきたが、運転者が万が一「危険ドラッグ」等を服用した場合、安全な運転ができる可能性は限りなく低い。当然、**重大な事故**を引き起こす可能性も高まるだろう。そうした危険性を排除すべく、運転者に対して服用を控えるように指導することは「最善の管理を尽くしている」といえるだろう。

では、次の問題を見てみよう。

令和4年度CBT出題例　問25

　4．実際の事故事例やヒヤリハット事例のドライブレコーダー映像を活用して、事故前にどのような危険が潜んでいるか、それを回避するにはどのような運転をすべきかなどを運転者に考えさせる等、**実事例に基づいた危険予知訓練を実施している**。

この**選択肢4も適切である！**

　本問は、いわゆる「**危険予知訓練**」についての出題である。危険予知訓練は、危険な場面を想定してのシミュレーション等が中心となるため、特に経験が浅い運転者にとっては、実際のイメージが湧きにくい可能性がある。

　そこで、本選択肢にあるような**実例、映像**等を用いることで、イメージが湧きやすくなると考えられる。もちろん、イメージを膨らませた後で、**回避の方法**を考えさせるのも危険予知訓練として有効であることは言うまでもない。

　以上のポイントを考え合わせると、この選択肢も「最善の管理を尽くしている」といえることが分かるはずだ。

では、次の問題を確認してみよう。

交通事故及び緊急事態が発生した場合における事業用自動車の運行管理者又は運転者の措置に関する次の記述のうち、適切なものには解答用紙の「適」の欄に、適切でないものには解答用紙の「不適」の欄にマークしなさい。なお、解答にあたっては、各選択肢に記載されている事項以外は考慮しないものとする。

1．大型トラックに荷物を積載して運送中の運転者から、営業所の運行管理者に対し、「現在走行している地域の天候が急変し、集中豪雨のため、視界も悪くなってきたので、一時運転を中断している。」との連絡があった。連絡を受けた運行管理者は、「営業所では判断できないので、運行する経路を運転者自ら判断し、また、運行することが困難な状況に至った場合は、適当な待避場所を見つけて運転者自らの判断で運送の中断等を行うこと」を指示した。

　この**選択肢 1** は、悩んだ受験生もいるのではないだろうか。しかし、最善の管理手段を「念を入れて慎重」に、「尽くして、尽くしまくる」といえるであろうか？…そう、**不適切である！**

　運行管理者は、**異常気象その他の理由**により、**輸送の安全の確保**に**支障を生ずるおそれ**があるときは、乗務員等に対する**適切な指示**その他輸送の安全を確保するために**必要な措置を講じなければならない**（安全規則 20 条 1 項 15 号、11 条）。

　しかし、本肢の運行管理者は、**天候急変による集中豪雨の中、運転者自身で判断を行うよう指示している**だけだ。これでは、適切な指示その他輸送の安全を確保するために必要な措置を講じているとはいえない。

この視点を持っていれば、正解できる問題ですよね。

次の問題を見てみよう。

平成30年度第2回 問 **26** （改題）

事業用自動車の運転者の健康管理及び就業における判断・対処に関する次の記述のうち、適切なものには解答用紙の「適」の欄に、適切でないものには解答用紙の「不適」の欄にマークしなさい。なお、解答にあたっては、各選択肢に記載されている事項以外は考慮しないものとする。

3．配送業務である早朝の業務前点呼において、これから業務に従事する運転者の目が赤く眠そうな顔つきであったため、本人に報告を求めたところ、連日、就寝が深夜2時頃と遅く寝不足気味ではあるが、何とか業務は可能であるとの申告があった。このため運行管理者は、当該運転者に対し途中で眠気等があったときには、自らの判断で適宜、休憩をとるなどして運行するよう指示し、出庫させた。

この**選択肢3**も、悩んだ受験生がいるかもしれない。

しかし、思い返してみてほしい…最善の管理手段を「念を入れて慎重」に、「尽くして、尽くしまくる」といえるであろうか？

本肢では、寝不足気味であると申告した運転者を、乗務させてしまっている…そう、**不適切だ！**

　運行管理者は、乗務員等の健康状態の把握に努め、**疾病、疲労、睡眠不足**その他の理由により**安全に運行の業務を遂行し**、又はその補助をすることができないおそれがある乗務員等を事業用自動車の**運行の業務に従事させてはならない**（安全規則20条1項4号の2、3条6項）。
　本肢における運転者は、連日、就寝が遅く**寝不足気味**であると申告しているため、たとえ、当該運転者が「何とか業務は可能である」と言っ

ていたとしても、運行管理者は当該運転者を**業務に従事させてはならなかった**。にもかかわらず、途中で眠気があったときには、自らの判断で適宜、休憩をとるなどして運行するよう指示し、出庫させてしまった運行管理者の判断は不適切である。

では、次の問題を確認しよう。

平成 29 年度第 2 回　問 24（改題）

点呼の実施等に関する次の記述のうち、適切なものには解答用紙の「適」の欄に、適切でないものには解答用紙の「不適」の欄にマークしなさい。なお、解答にあたっては、各選択肢に記載されている事項以外は考慮しないものとする。

4．業務前の点呼において運転者の健康状態を的確に確認することができるようにするため、健康診断の結果等から異常の所見がある運転者又は就業上の措置を講じた運転者が一目で分かるように、個人のプライバシーに配慮しながら点呼記録表の運転者の氏名の横に注意喚起のマークを付記するなどして、これを点呼において活用している。

最善の管理手段を「念を入れて慎重」に、「尽くして、尽くしまくる」といえるのか？…そう、この**選択肢 4** は、**適切**だ。

　繰り返しになるが、**運行管理者は**、業務に従事しようとする運転者に対して、点呼を行い、**疾病、疲労、睡眠不足その他の理由により安全な運転をすることができないおそれの有無について報告を求め、及び確認を行わなければならない**（安全規則 20 条 1 項 8 号、7 条 1 項 2 号）。
　この義務を履行するため、健康診断の結果等から異常の所見がある運転者や就業上の措置を講じている運転者を認識できるよう、点呼記録表の運転者氏名の横にマークの付記等を行い点呼に臨む方法は、**点**

呼における慎重かつ最善のレベルの運転者の健康状態の把握方法といえる。

最後にもう1問確認しよう。運行管理者の措置の適否を問う問題だ。

令和3年度CBT出題例　問26

事業用自動車の運転者の健康管理に関する次の記述のうち、【適切なものをすべて】選びなさい。なお、解答にあたっては、各選択肢に記載されている事項以外は考慮しないものとする。

2．事業者は、運転者が軽症度の睡眠時無呼吸症候群（SAS）と診断された場合は、残業を控えるなど業務上での負荷の軽減や、睡眠時間を多く取る、過度な飲酒を控えるなどの生活習慣の改善によって、業務が可能な場合があるので、医師と相談して慎重に対応している。

睡眠時無呼吸症候群（SAS）は、軽症度であれば、**生活習慣の改善**等によって業務が可能な状態にまで回復することができる。そのため、軽症度患者の運転者に対し、負担を軽減させる等の措置をとり、なおかつ専門家である医師と相談している**本選択肢の事業者の対応は適切である**といえる。

過去問データ

「実務上の知識及び能力」の出題分野において、**管理のレベルを問う選択肢**については、**最善の管理手段を「念を入れて慎重」**に、**「尽くして尽くしまくる」という視点**を持てば、**100%適否を判断できる！**（…はずだ）

第2章 出題パターンで正解を推測するテクニック一覧

この第2章では10個の正解を推測するテクニックを紹介してきたが、ここで簡単にまとめておく。試験直前に確認して活用しよう。

テクニック	問題文中のキーワード	正解の傾向（備考）
8	最高速度と最低速度 ①最低速度は 50km／h のみ ②最高速度は 100km／h、80km／h（4/1 以降 90km／h）、60km／h のいずれが適用されるかがカギ	
9	運行管理者による 「基準・規程・規律」の作成	誤り （事業者の義務）
10	運行管理者による 「施設の整備」と「勤務時間等の定め」	誤り （事業者の義務）
11	「交通事故防止対策」として、「関係が深そうなものを選ぶ」又は「関係のなさそうなものを除いていく」	
12	「速報」が必要となる事故とは… ①5人以上の重傷者か、②10人以上の負傷者を生じた事故 ③酒気帯び運転での事故 ④自動車の転覆・転落等により、消防法に規定する危険物、火薬類取締法に規定する火薬類などが飛散又は漏えいしたもの 事故の「報告」が必要となるのは Ⅰ 病院に入院することを要し、医師の治療を要する期間が 30 日以上の重傷者を生じた事故 Ⅱ 10台以上の自動車が絡む事故（衝突・接触） Ⅲ 10人以上の負傷者が出た事故	
13	駐車・停車の禁止は「数字」がカギ ① 1 メートル ② 3 メートル ③ 3.5 メートル ④ 5 メートル ⑤ 10 メートル	
14	大型の普通貨物自動車への義務付け	正しい
15	運転時に起こる ①フェード現象 ②スタンディング・ウェーブ現象 ③ハイドロプレーニング現象 ④ベーパー・ロック現象	
16	「アルコール検知器」を「使用」する選択肢	正しい
17	管理レベルを問う選択肢は、最善の管理手段を「念を入れて慎重」に、「尽くして、尽くしまくる」という視点で適否を判断できる	

第2編 ウラ技編

テクニック 18

メモ用紙の活用で、解答スピードをUP！

冒頭設問文の正誤や個数に関する指示は、ちょっとしたメモで、解答時間の節約やケアレスミスを防ぐことに役立つぞ！

職人技

1 わずかな手間でメリット多し！

　ここから第3章だ。ここでは実際の試験現場において、**時間をかせぐた**めのテクニックを紹介しておこう。

　まず、運行管理者試験の**制限時間は90分**である。そして、**問題数は30問**なので、単純計算すると、1問に充てられる時間は平均3分になる。

　出題分野や問題によって難易度は異なるため、すべての問題を3分ずつで解答するわけではないが、本試験という緊張を強いられる場面において、また、**最後の方で計算問題が控えている**ことを考えれば、**余裕があるという**ほどの時間でもない。さらに、ラジオボタンのクリックミスなどを見直す時間も5～6分は取っておきたいところだ。

　1回でも受験経験がある人はわかると思うが、試験終了間際になると声が出るわけではないが、会場内の雰囲気もソワソワしてきて集中力が欠けることもあり、やはり「余計」な時間は使いたくない。

　ここまで言うと、不安になる受験生もいるかもしれないが、1問平均3分という時間は、**合格するためには十分な時間**なので、安心してほしい。

しかし、**ゆったりと解いている時間がないのも事実**である。

そこで、解答時間を短縮するテクニックも、身に付けておくに越したことはないのだ。

ということで、ここでは特に代わり映えのする話を紹介するわけではないが、**わかってはいても、ついつい面倒くさがって省略してしまう人もいるは**ずなので、老婆心ながら、その重要性を述べておきたい。そして、**これから紹介するテクニックは必ず実践**してほしい。

つまり、以下の話は、**受験生として必ず実践すべき内容**であり、ほんの数秒の手間を惜しまないだけで、**逆に時間の節約になるし、ケアレスミスも防止できる**のだ。

② 正誤・適切不適切等の指示は、必ず転記せよ！

第1編でも述べたが、運行管理者試験における選択肢の選択パターンは空欄補充問題を除いて、概ね以下のようなものになる。

> - 誤っているもの、正しいものを**1つ選べ**
> - ○○を要するもの、要しないものを**1つ選べ**
> - 誤っているもの、正しいものを**2つ選べ**
> - 適切なものを**すべて選べ**

はいはい、わかってますよ…と言うなかれ。

これだけ選択パターンがあるうえに、選択すべき数が**1つ・2つ・すべて**…と問題ごとに異なると、わかっているつもりでも、途中で飛んでしまうことがあるのだ。

そこで、以下のことは、「必ず」実践してほしい！

① 「正しいもの」「誤っているもの」といった、**何を選ぶかの指示は、必ずメモ用紙に転記**する！

② 「1つ」「2つ」といった、**いくつの選択肢を選ぶかの指示も、必ずメモ用紙に転記**する！

たった、これだけのことだ！

ちなみに、メモ用紙とは、解答開始前に、全受験者に配布される白紙のことだ。

もちろん、既に行っている受験生がほとんどであろうが、最初にこれを行っておくことで、問題を解いている最中に**「何を」「いくつ」選ぶ問題なのかが、ふとわからなくなった場合でも、チラッとひと目で再確認する**ことができる。

正しいものを選ぶ問題なのに、**直前に解答した「誤っているものを選ぶ」問題に引きずられて、誤っているものを選んでしまう**…などといった類の、いわゆるケアレスミスは極力、防止すべきなのだ。

今、皆さんは真剣に勉強している。忙しいなか、数ヵ月かけて勉強した成果を "うっかり" で失うのはバカバカしすぎるぞ！

転記する内容は、簡単なもので構わない。
例えば、次の赤い丸の箇所を転記しておく感じだ。

問6　一般貨物自動車運送事業者（以下「事業者」という。）の過労運転の防止についての次の記述のうち、【正しいものを2つ】選びなさい。

1. 事業者は、事業計画に従い業務を行うに必要な員数の事業用自動車の運転者（以下「運転者」という。）又は特定自動運行保安員を常時選任しておかなければならず、この場合、選任する運転者及び特定自動運行保安員は、日々雇い入れられる者、2ヵ月以内の期間を定めて使用される者又は試みの使用期間中の者（14日を超えて引き続き使用されるに至った者を除く。）であってはならない。

ちなみに、冒頭の設問文は、例年ほぼ同一形式のものが提示されている。2〜3回過去問に目を通せば、パターンもわかってくるであろう。

よって、事例問題を除いて、各問題において求められている解答が、**正しい（適切な）ものか、誤っている（不適切な）ものか、選択する数はいくつか**…という部分をしっかり押さえておけば、基本的には、冒頭の設問文は読み飛ばしても、各選択肢から正解を導くことができる。

学習の進んだ受験生ならば、出題テーマを見れば、ある程度の問題の予想までつくはずなのでチラッと見る価値はあるが、上の問題を例にすれば、「貨物自動車運送事業者の過労運転の防止についての次の記述のうち」という部分は読まなくとも、いきなり選択肢を読んで正解できよう。

逆に言えば、「過労運転の防止」の意味もわからない状態であれば、どんなに冒頭の設問文を読み込んだところで、正解は難しい。

これは計算問題ではない！読解問題だ！

第2編 ウラ技編

テクニック 19

「時間・距離・速度」等の計算問題は「読解問題」と意識したうえで、答えを出すための的確な素材選びが重要だ！

職人技

1　素材の量に、惑わされるべからず！

　「実務上の知識及び能力」の出題分野では、一定の速度と車間距離を保ちながら走行している2台の自動車について、**前車が急停止したときの車間距離の算出**に関する問題や、とある**運行計画の下における時刻や距離等の算出**に関する計算問題が出題される。

　この手の問題の攻略には、「時間・距離・速度」の算出方法が身に付いていることが前提となるが、この辺は大丈夫であろう。距離を速度で割れば、かかった時間が出るし、速度に時間をかければ（乗じれば）、走行距離が出るというものだ。

　この手の計算問題について苦手意識を持つ人もいると思うが、**必要な計算はややこしいものではなく、むしろシンプルだ**。なのに、苦手意識を有する人は…、

何をすればよいのか、問題を読みほぐせない！

　…ということが出発点にあるのではないだろうか。**問題文が何を求めているのかを読みほぐせれば**、あとは「時間・距離・速度」の計算だけで、小学生レベルの問題と言えるのだ。そこで…

あえて言おう！　これは**実質的**に**読解問題**であると！

少し言い過ぎかもしれないが、私はそう考える。特に運行計画の下における時刻や距離等の算出についてこの傾向が強いと思うが、**長文問題に惑わされてはいけない。**

街行く人に声をかけて、特定の料理を作ってもらうというテレビ番組を見たことがあるだろうか。この番組（コーナー）では、料理を作るための素材や道具が準備されているところ、その素材等の中に指定された料理に関係のない素材が混ざっており、それを使うと変な料理ができてしまう。

算出問題でも似たような面がある。**解答するための様々な素材（ヒント）が提示**されているが、**その量が多いと逆に惑わされたり、難しそう…と弱気になってしまうことがある。必要な素材をさっと見つけられれば、混乱することもなく、スピーディな解答が可能となるのだ。**

結局のところ、この手の問題は、**問題が何を求めていて、何をすればよいのか、の2点が把握できれば怖いことはない。**そこで、この手の算出問題の考え方の順序を提案したい。

■**算出問題の考え方の順序**■

①まずは、**問題文が端的に何を求めているか把握する。**
　（長文に惑わされないこと。）

↓そして、

②**その解答に必要な素材（ヒント）を把握する。**
　（キーワードのメモも忘れずに。）

この点が把握できれば、あとは計算するだけだ。
そう、これは読解問題なのだ！

こう意識を変えることで、漫然と問題を読み始めるよりかは時間が節約で

き、正解率も上げられよう。これだけでは、**私が何を言っているのかわからないかもしれないので**、実際の問題を見ながら、確認してみよう。

② 本試験問題にトライ！

令和２年度第１回 問 ②⑧

高速自動車国道において、Ａ自動車（車両総重量８トンの事業用トラック）が前方のＢ自動車とともにほぼ同じ速度で50メートルの車間距離を保ちながらＢ自動車に追従して走行していたところ、突然、前方のＢ自動車が急ブレーキをかけたのを認め、Ａ自動車も直ちに急ブレーキをかけ、Ａ自動車、Ｂ自動車とも停止した。Ａ自動車、Ｂ自動車とも安全を確認した後、走行を開始した。この運行に関する次のア～ウについて解答しなさい。

なお、下図は、Ａ自動車に備えられたデジタル式運行記録計で上記運行に関して記録された６分間記録図表の一部を示す。

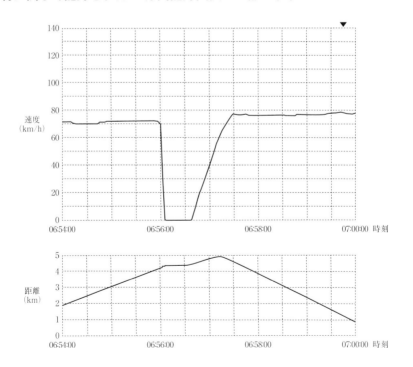

ア　左の記録図表からA自動車の急ブレーキを操作する直前の速度を読み取ったうえで、当該速度における空走距離（危険認知から、その状況を判断してブレーキを操作するという動作に至る間（空走時間）に自動車が走行した距離）を求めるとおよそ何メートルか。次の①～②の中から正しいものを1つ選び、解答用紙の該当する欄にマークしなさい。なお、この場合の空走時間は1秒間とする。

①　15メートル　　②　20メートル

イ　A自動車の急ブレーキを操作する直前の速度における制動距離（ブレーキが実際に効き始めてから止まるまでに走行した距離）を40メートルとした場合、A自動車が危険を認知してから停止するまでに走行した距離は、およそ何メートルか。次の①～②の中から正しいものを1つ選び、解答用紙の該当する欄にマークしなさい。なお、この場合の空走時間は1秒間とする。

①　55メートル　　②　60メートル

ウ　B自動車が急ブレーキをかけA自動車、B自動車とも停止した際の、A自動車とB自動車の車間距離は、およそ何メートルか。次の①～②の中から正しいものを1つ選び、解答用紙の該当する欄にマークしなさい。なお、この場合において、A自動車の制動距離及び空走時間は上記イに示すとおりであり、また、B自動車の制動距離は35メートルとする。

①　25メートル　　②　30メートル

このパターンの問題は、まず「問題文が何を求めているか」（考え方①）を把握することが重要である。本問の場合、アは空走距離、イは停止距離、ウはA自動車とB自動車の車間距離である。

　そのうえで、問題文から必要な素材を探し（考え方②）、解いていくのである。以下に簡単な解説を記しているので、参考にしてほしい。

ア 空走距離は、「**空走時間（秒）×車の速度（m／秒）**」で算出する。本問の場合、空走時間は1秒であり、ブレーキをかける直前の車の速度は、デジタル式運行記録計の数値から時速70kmほどであることが読み取れる。

以上を前提に、計算を行う。まず、1km＝1,000mであるため、70km＝70,000mとなる。そして、1時間は3,600秒である。したがって、「70km／時」を秒速に換算すると、70,000（m）÷3,600（秒）＝19.444…≒**20（m／秒）**となる。

以上より、空走距離は、1（秒）×20（m／秒）＝**20（m）**であり、**②が正解となる。**

イ 停止距離は、「**制動距離＋空走距離**」で算出する。本問においては、制動距離が**40m**であり、また、上記アより、空走時間が1秒のときの空走距離が**20m**であるため、停止距離は40（m）＋20（m）＝**60（m）**となる。したがって、**②が正解となる。**

ウ 本問において、A自動車とB自動車の車間距離は50m、A自動車の停止距離は（上記イより）60m、B自動車の制動距離は35mである。ここで、車間距離を求めるにあたり、前方にいるB自動車が先にブレーキをかけるため、B自動車については空走距離を考える必要がないという点に注意する。以上を前提に、双方の自動車が急ブレーキをかけて停止した際の車間距離を算出する。

車間距離がどれだけ縮まったかは、「後方自動車（A自動車）の停止距離ー前方自動車（B自動車）の制動距離」で算出できる。本問の場合、60（m）－35（m）＝25（m）の車間距離が縮まっている。そして、元々の車間距離は50mであったため、双方の自動車が急ブレーキをかけて停止した際の車間距離は、50（m）－25（m）＝**25（m）**となり、**①が正解となる。**

「時間・距離・速度」を算出する問題は頻出なので、苦手意識をもたず取り組んでほしい。

第2編 ウラ技編

テクニック

20

「１問１答」！これ極意なり！

試験現場での精神的テクニックだ！　１問１問の解答に集中し、終えたら後に引きずらない姿勢も重要なのだ。

職人技

1 不安はボディーブローのように効いてくる。

　ここにきて精神論が入ってしまうが、試験現場での「精神的テクニック」についてもコメントしておきたい。

　皆さんは、問題を解いていて**正解がわからない問題**や、**一応の解答は出したものの自信のない問題**があった場合、どうするであろうか？

　運行管理者試験は、**貨物自動車運送事業における運行管理をする者に必要な知識や能力を試す**試験であり、基本的には、問題で求められている知識を知っているか、知らないかで合否が決まる試験である。

　そのため、試験前の学習準備の段階でマスターできなかった知識が出題され、かつ、本書で紹介したテクニックが該当しない問題であれば、正直、**試験現場でどれほど考えたとしても、解答に自信がもてない状態が継続**するであろう。

　そして、このような状況（不安）は本人は意識していないつもりでも、**ボディーブローのようにジワジワと効いてきて**、思考が鈍ってしまうほど、重苦しい気分に襲われることは珍しくない…。

特に引きずるタイプの人は「あの選択肢の内容については、ただし書きが付いていた気がする…。誤りではなく、正しい内容かも…」などと、**そぞろな精神状態**になり、ますます合格ラインが遠のいていく…ということもあり得る。

当然ながら、このような状態では、**問題をふらふらと行ったり来たりしてしまい、解答時間も浪費**してしまおう。

そこで、私が、試験現場で肝に銘じているのは…、

試験においては、1問1答！…である。

今、解いている問題はこの場面で解決・終了し、次の問題に入る際には頭から消す！…ということを心がけていた。

個人的には、**余計なことを「考えない」ことは、精神面におけるテクニックと考**えている。そしてこれは、人によっては意外と難度の高いテクニックなのだ。

これは日常生活においても通ずることだと思うが、**嫌なことをいつまでもクヨクヨ考えていても何の得にもならないはずだ。それに、このままだと不合格かも**…などと考えていれば、**正解数が上乗せされるかといえば**…

答えはノーである！

試験現場で大切なことは、出題された問題に対して、**その時に出せる力を存分に発揮して臨むことであり、その結果、ダメだったら力不足**と認識したうえで、再度チャレンジすればよいだけのことだ。

もちろん、どうしても思い出せなかった知識が他の問題の解答中にふと浮かぶことはある。しかし、これは自分でコントロールできるものではない。**目の前の問題に集中する**という姿勢が、まずは大切だ。

2 メモをして、後回しにすればよい！

　そこで、この1問1答という精神的なテクニックを**具体的に実施するためには**、以下のような方法を採ればよい。簡単なものだ。

　試験現場において、正答の自信のない問題が出てきた場合や、覚えた知識がなかなか出てこない場合には、**メモ用紙に問題番号と選択肢を記入したうえで「しるし」を付けておき**、早めに次に進んでしまうほうがよいであろう。

■しるしの一例■

× …… まったくわからない場合など

△ …… 一応の解答はしたが、自信がない場合など

　さっと問題文を読んでみて「わからないもの」や、解答できそうだが今ひとつ自信がもてないものは、上記のような「しるし」を付けておき、ひとまず先に解答できるものを片づけてしまってから、**残りの時間でゆっくり臨むほうがよい**。

　なお、自信のない問題については、**各選択肢ごとに**「わからない」、「自信なし」を指定できるのであれば、それもメモしておければ、**残り時間で検討する時間を短縮し、効率的に見直す**ことに役立つぞ。

ちなみに私の場合、自信のない問題はメモに記録
しておいた。
この試験は 30 問分だけであるし、良い方法なの
かはわからないが、時間が余ったときの解き直し
の参考になるかもしれない。

コ ラ ム

■似ているけれど、確かに違う！…旅客試験。

ダ〜バ〜ダ〜♪　ダバダバダ〜♪
私は "違いのわかる男" になりたい…（わからない人はすみません）。

さて、既に運行管理者の「旅客」試験に合格している人はわかると
思うが、今、皆さんが勉強している「貨物」試験と、もう 1 つの運行
管理者試験である「旅客」試験は、とっても試験問題が似ている。

しかし、よくよく見ると…やっぱり違う！…試験なのだ。

この本を作成するに当たって、参考までに「旅客」試験の問題も検
討したのだが、「同じ問題文？…いや 2 文字違う！」ということが度々
あった。もちろん、試験科目が異なる「貨運法」と「道路運送法」では、
問題文の見た目は異なるが、その他の分野では、全く同じ問題かと思い
きや選択肢の 1 つが異なったり、全く同じ問題文なのに、根拠条文が
異なったりする（別々の法律があるので、当たり前だが…）。

とは言っても、問われるツボみたいなものは同じなので、どちらか
の試験に合格できる人は、他方の試験も合格できるであろう。皆さん
も「貨物」に合格後、「旅客」にチャレンジするのはいかがであろうか。

スラスラ解ける！
運行管理者 貨物
ウラ技合格法

第3編
学習テクニック編

渡りま～す!!

第1章

横断理解の
学習テクニック！
......................174

解放された～!!

第2章

拘束時間を攻略せよ！
..........................192

第3章

最新法改正情報を
攻略せよ！
....................224

最後に
学習する際の
攻略テクニックを
紹介だ！

改善基準1条を押さえよ!

近年出題が増えている改善基準1条の穴埋め問題。穴埋めのポイントを押さえて、確実に1点をゲットしよう!

チョイ技

1 およそ2回に1回の割合で…

平成28年度以降、およそ2回に1回の割合で出題されているのが、**改善基準1条の穴埋め問題**だ。過去の出題から、穴埋めにされやすい箇所はある程度推測ができる。本書のテクニックを学び、この問題は得点源にできるようにしてほしい。

2 条文のポイント

実際の問題を見る前に、まずは条文を載せておこう。重要な個所は赤字にしてあるので、試験対策としては、ひとまず赤字の部分を押さえておいてほしい。

改善基準1条(目的等)

1. この基準は、自動車運転者(労働基準法(以下「法」という。)9条に規定する労働者であって、**四輪以上の自動車**の運転の業務(厚生労働省労働基準局長が定めるものを除く。)に主として従事する者をいう。以下同じ。)の労働時間等の改善のための基準を定めることにより、自動車運転者の**労働時間**等の労働条件の**向上**を図ることを

目的とする。

2．労働関係の当事者は、この基準を理由として自動車運転者の**労働条件を低下**させてはならないことはもとより、その**向上**に努めなければならない。

3．（略）

　条文自体があまり長くないことに加え、**出題されそうなポイントもある程度絞られている**ため、比較的対策しやすい分野といえるのではないだろうか。以下に実際の本試験問題を挙げるので、確認してほしい。

3　本試験問題にトライ！
では、実際の本試験問題を見ていこう。

令和2年度第1回　**問 20**（改題）

「自動車運転者の労働時間等の改善のための基準」に定める目的等についての次の文中、A、B、Cに入るべき字句として<u>いずれか正しいものを1つ選び</u>、解答用紙の該当する欄にマークしなさい。

1．この基準は、自動車運転者（労働基準法（以下「法」という。）第9条に規定する労働者であって、四輪以上の自動車の運転の業務（厚生労働省労働基準局長が定めるものを除く。）に主として従事する者をいう。以下同じ。）の労働時間等の改善のための基準を定めることにより、自動車運転者の　　A　　等の労働条件の向上を図ることを目的とする。

2．　　B　　は、この基準を理由として自動車運転者の労働条件を低下させてはならないことはもとより、その　　C　　に努めなければならない。

A　①　労働時間　　②　運転時間
B　①　使用者　　　②　労働関係の当事者
C　①　維持　　　　②　向上

条文は既に書いたとおりなので、詳細な解説は省略するが、Aには「①労働時間」、Bには「②労働関係の当事者」、Cには「②向上」がそれぞれ入る。

条文そのものを覚えていれば正解できる問題なので、本試験で出題された際には、ぜひとも正解しておきたい。

次の問題を見てみよう。

平成30年度第2回 問⑳（改題）

「自動車運転者の労働時間等の改善のための基準」に定める目的等についての次の文中、A、B、Cに入るべき字句としていずれか正しいものを1つ選び、解答用紙の該当する欄にマークしなさい。

1．この基準は、自動車運転者（労働基準法（以下「法」という。）第9条に規定する労働者であって、［　A　］の運転の業務（厚生労働省労働基準局長が定めるものを除く。）に主として従事する者をいう。以下同じ。）の労働時間等の改善のための基準を定めることにより、自動車運転者の労働時間等の［　B　］を図ることを目的とする。

2．労働関係の当事者は、この基準を理由として自動車運転者の労働条件を低下させてはならないことはもとより、その［　C　］に努めなければならない。

A　1．四輪以上の自動車　　2．二輪以上の自動車
B　1．労働契約の遵守　　2．労働条件の向上
C　1．維持　　2．向上

ここも詳細な解説は省略するが、Aには「1. 四輪以上の自動車」、Bには「2. 労働条件の向上」、Cには「2. 向上」がそれぞれ入る。

ちなみに、条文を覚えていなかったとしても、例えば、Aについて、「貨物（自動車）の試験なのに、『二輪以上の自動車』というのはおかしくないか？」と考えることができれば、おのずと正解を導くことは可能だろう。

ただ、こうした推測に頼るのは最終手段であり、あくまでも**条文を覚えて**
おき、そのとおりに**答えを導くのが常道**である。しっかりと条文を押さえて
おこう。

　もう1問見ておこう。

平成29年度第1回　問20（改題）

「自動車運転者の労働時間等の改善のための基準」に定める目的等につ
いての次の文中、A、B、C に入るべき字句としていずれか正しいもの
を1つ選び、解答用紙の該当する欄にマークしなさい。

1. この基準は、自動車運転者（労働基準法（以下「法」という。）第
9条に規定する労働者であって、　A　の運転の業務（厚生労働省
労働基準局長が定めるものを除く。）に主として従事する者をいう。
以下同じ。）の労働時間等の改善のための基準を定めることにより、
自動車運転者の労働時間等の　B　を図ることを目的とする。

2. 労働関係の当事者は、この基準を理由として自動車運転者の
　C　させてはならないことはもとより、その向上に努めなければ
ならない。

A	**1.** 二輪以上の自動車	**2.** 四輪以上の自動車
B	**1.** 労働条件の向上	**2.** 労働契約の遵守
C	**1.** 生活環境を悪化	**2.** 労働条件を低下

　ここまでに挙げた問題と共通する選択肢も多いということに気づくだろう
か。念のため正解を書いておくと、Aには「**2. 四輪以上の自動車**」、Bには「**1.**
労働条件の向上」、Cには「**2. 労働条件を低下**」がそれぞれ入る。

　今後も2回に1回程度の割合で出題されることが予想されるが、覚える
べき箇所がだいたい決まっているので、そこをしっかりと押さえてほしい。

運行管理者試験を「保存期間」で横断せよ！

あちこちの分野で出てくる書類や記録の「保存期間」。これを整頓して押さえてしまおう！

キメ技

1 「保存期間」で各分野を横断！

さて、今度は"数字もの"の学習テクニックを紹介しよう。運行管理者試験では、出題法令に規定される"数字"さえ覚えておけば、正解できる問題が少なくない。

そして、その**出題される数字もほぼ決まっている**のだが、過去問を見ていくと、**あちこちで書類や記録の「保存期間」絡みの問題が目につくはず**だ。これらの問題は、混乱することなく"数字"を覚えておけば確実な得点源になる。

ところが、各書類等の保存期間といった話は、**いくつもの分野（法律）で、別々に登場してくるところ**、初めはわかっているつもりでも、**記憶がアヤシくなってしまいがち**だ。そこで、ここでこの試験で出題される"数字もの"のうち、まずは「保存期間」に特化して、整頓してしまおう！

「保存期間」に関しては、**ここで紹介するものを覚えていれば、まず対応できる**はずだ。試験直前に見直すのも効果的だぞ！

2　9個しかない「保存期間」もの！

　突然ではあるが、皆さんは普段の生活の中で、何となく漠然とした不安を抱えていた際、日記を書くなどして "何が不安なのか？" を整頓してみたり、抱える問題点を書き出してみたところ、頭の中が整理され、不思議と気持ちがスッキリした…なんてことはないであろうか。

　割と私はそうなのだが「あれもやらねば、これはどうなるか…」と気持ちがモヤモヤしているときは、そのまとわりつく不安を書き出して整頓してみる。すると、実は真に悩むべき懸案事項は1つだけ（その他は心配してもしょうがないこと）…といったことがよくあるのだ。そして、このことは、**この「保存期間」もの**にも言える。

　つまり、「保存期間」に関する過去問を分析してみると…、

9個の「保存期間」を覚えていればよいことがわかる！

　おいおい、9個もあるのかよ…と言うなかれ！　これらは…

「1年モノ」と「3年モノ」の2種類しかない！

　…のだ。もうこれは、ここで覚えてしまうしかないということで、次ページより表で紹介してしまおう。まずは「1年モノ」（保存期間が1年間であるもの）だ。

　なお、この「学習テクニック編」では、学習のツボの紹介がメインなので、過去問データは省略している。とはいえ、この編で紹介するものを押さえれば、その類の問題は対応できるぞ！

■「1年モノ」(1年間)の保存期間■

項　目	規定の要旨
点呼の記録(安全規則7条5項)	事業者は、**点呼を行ったときは**、所定の事項を記録し、**その記録を1年間保存**する。
業務の記録(安全規則8条1項)	事業者等は、事業用自動車に係る運転者等の**業務について**、当該業務を行った運転者等ごとに一定の事項を記録させ、かつ、その記録を**1年間保存**する。
大型の普通自動車の運行記録計の記録(安全規則9条)	**車両総重量が7トン以上又は最大積載量が4トン以上の普通自動車である事業用自動車や、この事業用自動車をけん引するけん引自動車である事業用自動車等は、**瞬間速度、運行**距離**及び運行**時間**を運行記録計により記録し、かつ、その記録を**1年間保存**する。
運行指示書(安全規則9条の3第4項)	事業者等は、運行指示書とその写しを、**運行終了日から1年間保存**する。
点検整備記録簿(車両法49条、自動車点検基準4条2項)	自動車の**使用者は**、点検整備記録簿を当該自動車に備え置き、当該自動車の点検・整備をしたときは、遅滞なく、所定事項を記載しなければならない。この点検整備記録簿の保存期間は、その**記載日から1年間**とする。

　まず「1年モノ」の保存期間は、上記の5つを覚えればよい。

　点呼、業務については、テクニック14でも紹介した**大型の普通貨物自動車の運行記録計、業務の記録、点検整備**に関してだ。

　そして、この辺は、各自で覚えやすいキーワードを探して、覚えればよいだろう。ただし、次に述べるように**「3年モノ」の数字を覚える**ほうがお勧めだ。ということで、次に「3年モノ」だ。

■「3年モノ」（3年間）の保存期間■

項　目	規定の要旨
事故の記録（安全規則9条の2）	事業者等は、事業用自動車に係る**事故が発生**した場合には、所定の事項を記録し、その記録を当該事業用自動車の運行を管理する営業所において**3年間保存**する。
「運転者でなくなった場合」（安全規則9条の5第2項）	事業者等は、運転者が転任、退職その他の理由で**運転者でなくなった場合**には、直ちに、当該運転者に係る**運転者等台帳**に運転者でなくなった年月日及び理由を記載し、これを**3年間保存**する。
従業員に対する**指導・監督**（安全規則10条1項）	事業者が、当該事業に係る主な道路状況や運行状況、その状況下における運行の安全確保のために必要な運転技術、運転に関して遵守すべき法令事項について、**運転者等に対して指導・監督を行った場合**、その日時、場所、内容、指導・監督を行った者、受けた者を記録し、その記録を営業所において**3年間保存**する。
労働関係の重要書類（労働基準法109条）	使用者は、**労働者名簿、賃金台帳及び雇入れ、解雇、災害補償、賃金**その他労働関係に関する重要な書類を**3年間保存**する。[※]

※労働基準法の改正（令和2年4月1日施行）により、書類の保存期間が「3年」から「**5年**」に変更された。ただし、**当分の間は「3年」**とされている（同法附則143条）。

　いわゆる「3年モノ」は、上記の4つである。

　事故の記録、運転者でなくなった場合、指導・監督、労働関係書類だ。

　個人的には、こちらのほうが特徴的な内容が多いので、覚えやすいのではないかと思う。そこで、「**上記4つが3年！**」…と覚えておき、「**あとは1年！**」と記憶しておく方法がお勧めである。

令和２年度第１回 問 24 (改題)

運行管理者の日常業務の記録等に関する次の記述のうち、適切なものには解答用紙の「適」の欄に、適切でないものには解答用紙の「不適」の欄にマークしなさい。なお、解答にあたっては、各選択肢に記載されている事項以外は考慮しないものとする。

１．運行管理者は、事業用自動車の運転者が他の営業所に転出し当該営業所の運転者でなくなったときは、直ちに、運転者等台帳に運転者でなくなった年月日及び理由を記載して１年間保存している。

２．運行管理者は、運行記録計により記録される「瞬間速度」、「運行距離」及び「運行時間」等により運転者等の運行の実態や車両の運行の実態を分析し、運転者等の日常の乗務を把握し、過労運転の防止及び運行の適正化を図る資料として活用しており、この運行記録計の記録を１年間保存している。

３．運行管理者は、事業用自動車の運転者に対し、事業用自動車の構造上の特性、貨物の正しい積載方法など事業用自動車の運行の安全を確保するために必要な運転の技術及び自動車の運転に関して遵守すべき事項等について、適切に指導を行うとともに、その内容等について記録し、かつ、その記録を営業所において１年間保存している。

４．運行管理者は、事業用自動車の運転者に対する業務前点呼において、酒気帯びの有無については、目視等で確認するほか、アルコール検知器を用いて確認するとともに、点呼を行った旨並びに報告及び指示の内容等を記録し、かつ、その記録を１年間保存している。

　さぁ、どうであろう。私のお勧めは「３年モノ」を覚えておく方法だが、これは事故、運転者でなくなった場合、指導・監督、労働関係である。

　大丈夫ですよね！　適切なものは、選択肢２と４であり、不適切なものは選択肢１と３である。また、令和４年度CBT試験出題例の問24では、選択肢１と２はそのまま、選択肢３は「３年間」と「適切なもの」として出

題された。

　では、どんどん過去問を確認していこう。

問 **6** （改題）

一般貨物自動車運送事業者（以下「事業者」という。）の事業用自動車の運行等の記録に関する次の記述のうち、誤っているものを1つ選び、解答用紙の該当する欄にマークしなさい。なお、解答にあたっては、各選択肢に記載されている事項以外は考慮しないものとする。

2．事業用自動車の運転者等の業務について、道路交通法に規定する交通事故若しくは自動車事故報告規則に規定する事故又は著しい運行の遅延その他の異常な事態が発生した場合にあっては、その概要及び原因を「業務の記録」に記録させ、かつ、その記録を1年間保存すること。

先ほど表で確認したばかりの「業務について」の記録に関する保存期間だ。この**選択肢2は正しい！**　では、次の問題に行こう。

問 **7**

一般貨物自動車運送事業者（以下「事業者」という。）の事業用自動車の運行の安全を確保するために、国土交通省告示に基づき運転者に対して行わなければならない指導監督及び特定の運転者に対して行わなければならない特別な指導に関する次の記述のうち、誤っているものを1つ選び、解答用紙の該当する欄にマークしなさい。なお、解答にあたっては、各選択肢に記載されている事項以外は考慮しないものとする。

1．事業者は、事業用自動車の運行の安全を確保するために必要な運転の技術及び法令に基づき自動車の運転に関して遵守すべき事項について、運転者に対する適切な指導及び監督をすること。この場合においては、その日時、場所及び内容並びに指導及び監督を行った

者及び受けた者を記録し、かつ、その記録を営業所において3年間保存すること。

指導・監督の記録についての保存期間は3年間なので、この**選択肢1**は正しい。では、次の問題だ。

平成30年度第1回 **問** **8** （改題）

一般貨物自動車運送事業者（以下「事業者」という。）の事業用自動車の運行に係る記録等に関する次の記述のうち、正しいものを2つ選び、解答用紙の該当する欄にマークしなさい。なお、解答にあたっては、各選択肢に記載されている事項以外は考慮しないものとする。

1. 事業者は、運転者が転任、退職その他の理由により運転者でなくなった場合には、直ちに、当該運転者に係る法令に基づき作成した運転者等台帳に運転者でなくなった年月日及び理由を記載し、これを2年間保存しなければならない。

2. 事業者は、法令の規定により点呼を行い、報告を求め、確認を行い、及び指示をしたときは、運転者等ごとに点呼を行った旨、報告、確認及び指示の内容並びに法令で定める所定の事項を記録し、かつ、その記録を1年間保存しなければならない。

3. 事業者は、法令の規定により運行指示書を作成した場合には、当該運行指示書及びその写しを、運行の終了の日から1年間保存しなければならない。

4. 事業者は、事業用自動車に係る事故が発生した場合には、事故の発生日時等所定の事項を記録し、その記録を当該事業用自動車の運行を管理する営業所において2年間保存しなければならない。

本問の正解（正しいもの）は、**選択肢2**と**選択肢3**である。

選択肢1と選択肢4が「**3年モノ**」、選択肢2と選択肢3が「**1年モノ**」であることを覚えておけば秒殺できる問題だ。では、次の問題はどうか。

平成30年度第2回 問⑱

労働基準法（以下「法」という。）に定める労働契約等についての次の記述のうち、**誤っているもの**を1つ選び、解答用紙の該当する欄にマークしなさい。なお、解答にあたっては、各選択肢に記載されている事項以外は考慮しないものとする。

1．使用者は、労働者名簿、賃金台帳及び雇入、解雇、災害補償、賃金その他労働関係に関する重要な書類を3年間保存しなければならない。

ついに出た！　労働関係書類という感じか。

これは「3年モノ」なので、この**選択肢1は正しい**。ちなみに、181ページの注意書きにもあるように、保存期間は改正により3年から5年に変更されたが、附則によって当分の間は「3年」とされている。

最後に少しイジワルな問題を確認しておきたい。

令和3年度CBT出題例 問⑧

一般貨物自動車運送事業者（以下「事業者」という。）の事業用自動車の運行に係る記録等に関する次の記述のうち、【**正しいものを2つ**】選びなさい。なお、解答にあたっては、各選択肢に記載されている事項以外は考慮しないものとする。

3．事業者は、法令の規定により運行指示書を作成した場合には、当該運行指示書を、運行を計画した日から1年間保存しなければならない。

上記の問題は、正しいものを選ぶ問題であり、この**選択肢3**の保存期間を見ると正しく見えるのだが…「運行を計画した日」という部分が誤っている。運行指示書については、「運行を終了した日」から1年間なのだ。

このヒッカケは、平成28年度第1回問8（選択肢2）や平成29年度第2回問8（選択肢4）など、たびたび出題されているので注意しておこう。

テクニック 23

その他、"年月もの"を一網打尽！

先ほどの「保存期間」の他にも当然、"数字もの"絡みの知識は出題されている。そのうち"年月もの"をまとめてしまおう。

キメ技

❶ 試験直前の確認グッズに！

さて、先ほどは"数字もの"のうち、特に頻出である「保存期間」だけをまとめたが、こうなったら、"年月もの"というくくりで、この試験で出てくる注意したい"数字もの"絡みの知識をまとめようと思う。

先ほどの保存期間とは異なって、ここで紹介する"数字"は、直接的にその選択肢の正否を決めるものばかりではないが、出題される数字や知識もほぼ決まっていることから、試験直前の確認用グッズとして使用していただければと思う。

なお、"数字もの"を分野ごとにまとめるのも手ではあるが、なんせ本書はウラ技本だ。少しでも記憶に残ることを祈り、ここでは視点を変えて「時間が短い→長い」という流れで、各規定の要旨とともに、各分野の"年月もの"の数字を横断してみようと思う。

正直、普通の参考書のような話で恐縮だが、色んな視点で過去問を眺めて、横断する1つのヒントにしてくれれば嬉しい。

2　まずは「時間」ものからスタート！

　"年月もの"とは言っても「時間」という単位で出てくる数字がある。まずは「時間」で覚える数字を紹介する。

■「時間」の単位で覚えたい数字■

項　目	規定の要旨
特別な指導の実施時間（指導監督指針第2章2(1)、(2)）	・**事故惹起**運転者に対する特別な指導は、**合計6時間以上**実施する。 ・**初任**運転者に対する特別な指導は、**合計15時間以上**実施する。また実際に事業用トラックを運転させ、安全な運転方法を体得させる実技指導を**20時間以上**実施する。
事故の速報（事故報告規則4条1項）	・事業者等は、使用自動車について所定の事故があったとき、又は国土交通大臣の指示があったときは、国土交通大臣への報告書の提出の他、電話その他適当な方法により、**24時間以内**において、できる限り速やかに、その事故の概要を運輸監理部長又は運輸支局長に速報しなければならない。

　まぁ…上記の3つだけだ。

　補足しておくと、**特別な指導**に関して、上記の**事故惹起（事故を起こしたという意味）運転者と初任運転者**のほかに、**高齢運転者**に対するものもあるが、この高齢運転者に対しては、何時間以上…という規定はない。

　そして、**事故の速報**に関して、この「24時間以内」という部分で誤りとする選択肢も平成20年度以降は出題されていない（この先、過去問のコメントは、すべて平成20年度以降を前提にする）。「時間」で覚えておきたい数字はこのくらいなので、次は「日」のくくりに移ろう。

　なお、**初任運転者**に対する特別な指導の**実施時間**及び**内容**は、準中型免許の新設に伴い改正され、上記のように拡充された。

■「日」の単位で覚えたい数字■

項　目	規定の要旨
臨時運行許可の有効期間（車両法35条2項、3項）	臨時運行許可の**有効期間**は、法令の定めがある場合を除いて、**5日**を超えてはならない。
臨時運行許可証等の返納（車両法35条2項、6項）	臨時運行許可の**有効期間が満了**したときは、**その日から5日以内**に、当該行政庁に臨時運行許可証・臨時運行許可番号標を返納しなければならない。
自動車の**変更登録、移転登録、永久抹消登録**（車両法12条、13条、15条）	これらはすべて、**各事由があった日から15日以内**に、各登録申請を行わねばならない。 **「変更登録」**を行うのは… 登録型式、車台番号、原動機の型式、所有者の氏名・名称・住所又は**使用の本拠位置に変更**があったとき。 **「移転登録」**を行うのは… 登録自動車について**所有者の変更**があったとき。 **「永久抹消登録」**を行うのは… 登録自動車が**滅失・解体、用途廃止、車台**が当該自動車の新規登録の際、存したものでなくなったとき。
自動車検査証記録事項の変更（車両法67条）	使用者は、**その事由があった日から15日以内**に、国土交通大臣が行う自動車検査証の変更記録を受けなければならない。
事故報告書の提出（事故報告規則2条、3条）	事業者は、その使用する自動車について事故があった場合、**事故があった日から30日以内**に、当該事故ごとに自動車事故報告書3通を、当該自動車の使用の本拠の位置を管轄する運輸監理部長又は運輸支局長を経由して、国土交通大臣に提出しなければならない。

注意しておきたい "数字もの" は、概ねこんなところだ。

　ここでも補足をしておくと、まず「臨時運行許可」絡みでは、頻出度が低いものの、「5 日」という部分を「15 日」とするヒッカケ問題が出ているので注意しよう。

　次に、3 つの「登録」の話のうち「移転登録」に要注意だ！　各登録に関する 15 日以内という部分でのヒッカケ問題は出ていないが、「移転」登録をいつ行うか？…「所有者の変更」があったときでしょ！…という部分で正否を分ける問題が多い。所有者の "氏名" 変更など、本当は「変更」登録の話なのに、「移転」登録とする問題が出るのだ（当然、誤り）。

　また、事故の報告書について、表中は「事故があった場合」の話に限定したが、道交法の救護義務違反があった場合では、事業者がその事実を知った日から 30 日以内となる。ただし、30 日以内という点は変わらない。

■「月」の単位で覚えたい数字■

項　目	規定の要旨
特別な指導と適性診断 （指導監督指針第 2 章 3 (1)）	・事故惹起運転者に対して 　原則　事故後、再度トラックに乗務する前に行う。 　例外　やむを得ない事情があれば、再度乗務を開始した後、1 ヵ月以内に行う。 ・初任運転者に対して 　原則　当該事業者で初めてトラックに乗務する前に行う。 　例外　やむを得ない事情があれば、乗務を開始した後、1 ヵ月以内に行う。 ・高齢運転者に対する「特別な指導」 　適性診断の結果が判明した後、1 ヵ月以内に実施する。

■「年」の単位で覚えたい数字■

項　目	規定の要旨
自動車検査証の有効期間（車両法61条）	原則は、1年。 ただし、**初めて**自動車検査証を受ける車両総重量**8トン未満**のものは、**2年**。
高齢運転者に対する適齢診断（指導監督指針第2章4(3)）	65歳に達した日以降、**1年以内に1回**、その後、**3年以内ごとに1回**受診させる。

　補足すると、**特別な指導と適性診断**に関して、1ヵ月という部分のヒッカケ問題は出ていないが、「**事故惹起運転者**」について、原則は、事故を起こした後、**再度の乗務「前」**に行うべきであるところ、例外的に、乗務「後」でもよい…という**原則と例外を逆にする問題**がよく出ることだ。

　また、**自動車検査証の有効期間**について、重量が**8トン未満**（例えば、7,990kg）のものが**2年**という部分は、よくヒッカケで出るぞ！

　ということで、少しではあるが（次の拘束時間の話にページを割きたいので…）、過去問を確認してみよう。

③　本試験問題にトライ！

　令和2年度第1回　問 ⑨

自動車の登録等についての次の記述のうち、誤っているものを1つ選び、解答用紙の該当する欄にマークしなさい。なお、解答にあたっては、各選択肢に記載されている事項以外は考慮しないものとする。

2．臨時運行の許可を受けた者は、**臨時運行許可証の有効期間が満了**したときは、その日から**15日以内**に、当該臨時運行許可証及び臨時運行許可番号標を行政庁に返納しなければならない。

4．自動車の所有者は、**当該自動車の使用の本拠の位置に変更があった**ときは、道路運送車両法で定める場合を除き、その事由があった日から**15日以内**に、国土交通大臣の行う変更登録の申請をしなければならない。

結論から書いてしまうと、**選択肢2が誤りで、選択肢4は正しい**。選択肢2の「15日以内」は「**5日以内**」の誤りである。詳細については、**188ページの表**を参照していただきたい。

　なお、誤りを1つ選ぶ問題なのでそのまま正解が導けるのだ。

　最後に次の問題を見てほしい。

一般貨物自動車運送事業者（以下「事業者」という。）の事業用自動車の運行の安全を確保するために、国土交通省告示等に基づき運転者に対して行わなければならない指導監督及び特定の運転者に対して行わなければならない特別な指導に関する次の記述のうち、誤っているものを1つ選び、解答用紙の該当する欄にマークしなさい。なお、解答にあたっては、各選択肢に記載されている事項以外は考慮しないものとする。

3.　事業者は、事故惹起運転者に対する特別な指導については、やむを得ない事情がある場合又は外部の専門的機関における指導講習を受講する予定である場合を除き、当該交通事故を引き起こした後、再度事業用自動車に乗務を開始した後1ヵ月以内に実施すること。

　この問題は、紹介しておきたかった。要するに、**事故惹起運転者に対する特別な指導は、いつ行うか？**…という問題である。

　原則は、事故後、再度トラックに乗務する前に行うのだが、**例外**的に、やむを得ない事情があれば、再度**乗務を開始した後、1ヵ月以内**に行うこともできる。この知識があっても混乱する問題文であり、よく出るのだ。

　この問題文では、特別な指導を「…である場合を除き」、乗務再開「**後**」に行うとされているが、**原則と例外が逆になっている**のだ。

　「○○は、××を除いて、△△に行う」とあれば、△△が原則となる。よって、**この選択肢3は誤っており、そのまま正解**となるのだ。

テクニック 24

まずは基礎から！拘束時間「1日」バージョンを攻略せよ！

運転者の勤務状況が改善基準に適合しているかを判断する問題が、いわゆる拘束時間の問題だ。まずは基礎から解説しよう。

キメ技

1 「1日」とは何ぞや？…が始まりである。

いよいよ、この本もこの第2章がクライマックスとなる。

それにふさわしい内容となり、また、全体を通して、皆さんのお役に立つ書籍となることを祈るばかりではあるが、この**学習テクニック編の第2章**では、**4つ目の分野である労働基準法関係**で毎回出題されている、いわゆる**拘束時間・運転時間もの**についての問題にスポットを当てて、攻略法を紹介していこう。

まず初めに、この**拘束時間・運転時間ものの出題形式**については、**いくつかのパターン**があり、**それぞれのパターン**について、自分なりに対策を立てておけば、何ら怖くはない！

しかし、その準備ができていない人、つまり、過去問を解いてはいるものの（それだけでも対応できている人も多いと思うが）、**自分なりに、このパターンはこれだな！…と分析と対策を立てていない人は、ぼんやりとした不安感や苦手意識**を持っているのではないかと思う。

そこで私は、この**拘束時間・運転時間ものの問題を5パターンに分類**したうえで、**それぞれの攻略法をこの第2章で紹介していく次第だ。**

そこで、まずは**拘束時間「1 日」バージョン**の攻略法から紹介しよう。
仰々しく「1 日」バージョンなどと名付けてはいるが、何のことはない。

改善基準で言う「1 日」とは何ぞや？

…というところが"ツボ"で、これは次に紹介する**「1 週間」バージョンの基礎**になるというか、ヒッカケに使われている。

そもそも拘束時間の「1 日」バージョンの問題とは、ある事業所での従業員の拘束（労働）時間が、改善基準で規定されている 1 日の拘束（労働）時間をオーバーしていないかを検討する「前提」として、**改善基準における「1 日」の意味（算出方法）を知っているか**…という点を試す問題のことを指す。

どういうことかと言うと、改善基準における「1 日」の概念は少し特殊なのだ。別に難しいことはない。**改善基準における 1 日**とは、

始業時刻から起算して 24 時間

…というだけだ。そして、

この 24 時間以内に、どれだけ拘束されているか？

…という点が、「**1 日の拘束時間**」となる。**まとめると…**

ある日の始業時刻から起算して、
24 時間以内に、どれだけ仕事して（拘束されて）いるか？

…という結果が、「**1 日の拘束時間**」なのである。
ここは図も使って、具体的に考えてみよう。

改善基準における「1日」は、下の図のように、当日（A日）の始業時刻が8時である場合、24時間後の翌日（B日）の8時になった時点で、当日（A日）1日が終わる、と考える。

■改善基準における「1日」のイメージ■

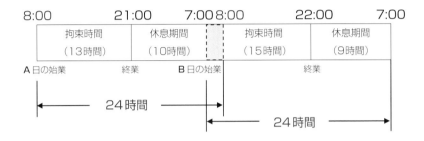

　そして、**A日の拘束時間が何時間か？**…という点だけを問われるのが「1日」バージョンの問題である。次の「1週間」バージョンと問われる内容に大差はないのだが、大事なところなので別項目とした。

　上記の例だと、A日（当日）の1日は、A日の始業時刻から24時間後である、B日（翌日）の午前8時となる。

　すると、翌日（B日）の始業時刻が午前7時からになっているため、翌日（B日）の8時までが、当日（A日）の拘束時間に含まれてしまう。

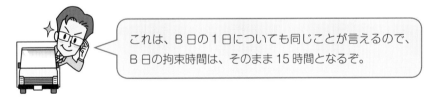

これは、B日の1日についても同じことが言えるので、B日の拘束時間は、そのまま15時間となるぞ。

　以上をふまえて、「1日」バージョンの過去問にトライしてみよう。

2 本試験問題にトライ！

平成30年度第2回 問23（改題）

下図は、貨物自動車運送事業に従事する自動車運転者の1週間の勤務状況の例を示したものであるが、「自動車運転者の労働時間等の改善のための基準」（以下「改善基準告示」という。）に定める拘束時間等に関する次の記述のうち、誤っているものを1つ選び、解答用紙の該当する欄にマークしなさい。ただし、1週間における運行が全て長距離貨物運送であり、かつ、一の運行における休息期間が、当該自動車運転者の住所地以外の場所におけるものであるとする。なお、解答にあたっては、下図に示された内容及び各選択肢に記載されている事項以外は考慮しないものとする。

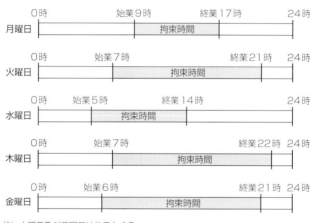

注）土曜日及び日曜日は休日とする。

1. 1週間における1日についての拘束時間が改善基準告示に定める最大拘束時間に違反する勤務はない。
2. 1日についての拘束時間を規定の上限まで延長することができる1週間についての回数は、改善基準告示に違反している。
3. 勤務終了後の休息期間は、改善基準告示に違反しているものはない。

本問を解くカギは、**1日の拘束時間**と**休息期間**である。

では、**1日の拘束時間**から見ていこう。

月曜日は、始業時刻が9時、終業時刻が17時であり、翌日（火曜日）の始業時刻が2時間早いため、8時間＋2時間＝**10時間**が拘束時間となる。

　火曜日は、始業時刻が7時、終業時刻が21時であり、翌日（水曜日）の始業時刻が2時間早いため、14時間＋2時間＝**16時間**が拘束時間となる。

　水曜日は、始業時刻が5時、終業時刻が14時なので拘束時間は**9時間**である。

　木曜日は、始業時刻が7時、終業時刻が22時であり、翌日（金曜日）の始業時刻が1時間早いため、15時間＋1時間＝**16時間**が拘束時間となる。

　金曜日は、始業時刻が6時、終業時刻が21時なので拘束時間は**15時間**となる。

　以上より、1週間における1日についての拘束時間が改善基準に定める最大拘束時間（原則として13時間、宿泊を伴う長距離運送の場合は、1週間について2回に限り16時間まで可）を超えて違反する勤務はないので、**選択肢1は正しい。**

　また、この1週間について16時間まで延長しているのは火曜日と木曜日の2回なので、改善基準に違反していない。

　つまり**選択肢2が誤り**である。

　念のため、**勤務終了後の休息期間**を見ていこう。勤務終了後の休息期間は継続9時間を下回らないものとし、当該1週間について2回に限り継続8時間とすることができる。なお、この場合において一の運行の終了後、継続12時間以上の休息期間を与えるものとされている。それに違反していないかをチェックする。

　月曜日から火曜日にかけては、**14時間**の休息期間がある。
　火曜日から水曜日にかけては、**8時間**の休息期間がある。
　水曜日から木曜日にかけては、**17時間**の休息期間がある。
　木曜日から金曜日にかけては、**8時間**の休息期間がある。
　勤務終了後の翌日は休日。

　以上より、勤務終了後の休息期間が改善基準に違反しているものはないので、**選択肢3も正しい。**

第3編 学習 テクニック編

テクニック

25

拘束時間 「1 週間」バージョン を攻略せよ！

拘束時間の「1 週間」バージョン は、先ほどの「1 日」バージョン の理解を前提に、2 つのポイント で正解できる！

キメ技

1 ポイントは 2 つ！ ～「拘束」と「休息」期間の適否判断～

先ほどに引き続き、「1 週間」バージョンの話に入ろう。

先ほどの「1 日」バージョンでの **1 日の拘束時間の算出方法**が、そのまま この「1 週間」バージョンで**活きる**ことになる。

どういう問題が出題されるのかというと、貨物自動車運送事業に従事する 運転者の **1 週間の勤務状況例**が提示され、**それに関する記述の正誤（改善 基準の規定に適合するか）**を問う問題が出される。1 週間の勤務状況例が出 されるので「1 週間」としているが、やることは「1 日」と同じだ。

そこで、改善基準の規定を覚えていなければならないのだが、これは、ど の参考書にも載っているとおり、①1 日（始業時刻から起算して 24 時間） の拘束時間は、13 時間を超えないことを基本とし、延長する場合は 15 時 間まで（ただし、所定の条件を満たす場合、1 週間について 2 回は 16 時間 まで延長可能）、そして、②1 日の休息期間は、継続 9 時間を下回らないも

1 日の拘束時間の限度が 15 時間とされるのは、1 日の 休息期間を少なくとも継続的に 9 時間確保するためだ （足すと 24 時間ですよね！）。

のとすることが必要ということだ（同基準4条1項）。

　そして、この「1週間」バージョンの問題を正解する（だけの）ための、この規定の覚え方にはポイントがある。

　原則としては、13時間を超える拘束はダメなのだが、**15時間まで延長できる**（ただし、所定の条件を満たす場合、1週間について2回は16時間まで延長可能）以上、**そこを覚えていればよいのだ。**

　「1週間」バージョンの問題のポイントは、以下の2点である。

■ **「1週間」バージョンの問題の2つのポイント**■

① **1日の拘束時間**は、延長する場合でも**15時間まで！**
　（ただし、所定の条件を満たす場合、1週間について2回は16時間まで延長可能）
② **1日の休息期間**は、**継続9時間を下回らないものとすることが必要！**
　（③そもそも「1日」とは、始業時刻から24時間のこと）

　…となるのだ。

　念のため、かっこ書きで「1日」バージョンの話も "③" として入れておいたが、上記2つのポイントを意識しつつ、改善基準の「1日」の意味（始業時刻から24時間）を忘れなければOKだ！

翌日の始業時刻が当日の始業時刻より早い場合に、その早い時間の分だけ当日の拘束時間に加えることを忘れないように！

2　本試験問題にトライ！

では、前ページのポイントの理解を前提に、実際に「1週間」バージョンの過去問を確認していこう。

平成 29 年度第 2 回　問 22（改題）

下図は、貨物自動車運送事業に従事する、自動車運転者の 1 週間の勤務状況の例を示したものであるが、「自動車運転者の労働時間等の改善のための基準」（以下「改善基準」という。）に定める拘束時間等に関する次の記述のうち、**正しいものをすべて選び**、解答用紙の該当する欄にマークしなさい。ただし、すべて 1 人乗務の場合とする。なお、解答にあたっては、下図に示された内容及び各選択肢に記載されている事項以外は考慮しないものとする。

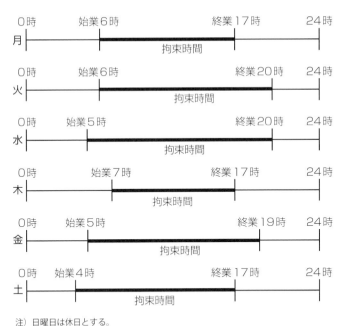

注）日曜日は休日とする。

1．1 日についての拘束時間が改善基準に定める最大拘束時間に違反する勤務はない。

2．勤務終了後の休息期間は、改善基準に違反しているものはない。

3． 木曜日に始まる勤務の１日についての拘束時間は、この１週間の
勤務の中で拘束時間が最も短い。

本問を解くカギは、**１日の拘束時間**と**休息期間**である。

では、**１日の拘束時間**から見ていこう。

月曜日は、始業時刻が６時、終業時刻が17時なので拘束時間は**11
時間**である。
火曜日は、始業時刻が６時、終業時刻が20時であり、**翌日（水曜日）
の始業時刻が１時間早い**ため、14時間＋１時間＝**15時間**が拘束時間
となる。
水曜日は、始業時刻が５時、終業時刻が20時なので拘束時間は**15
時間**である。
木曜日は、始業時刻が７時、終業時刻が17時であり、**翌日（金曜日）
の始業時刻が２時間早い**ため、10時間＋２時間＝**12時間**が拘束時間
となる。
金曜日は、始業時刻が５時、終業時刻が19時であり、**翌日（土曜日）
の始業時刻が１時間早い**ため、14時間＋１時間＝**15時間**が拘束時間
となる。
土曜日は、始業時刻が４時、終業時刻が17時なので拘束時間は**13
時間**である。

以上より、１日についての拘束時間が改善基準に定める最大拘束時間
（15時間）を超えて違反する勤務はないので、**選択肢１は正しい**。また、
この１週間の勤務の中で、１日についての拘束時間が最も短いのは**月曜
日**に始まる勤務であるから、**選択肢３は誤り**となる。

次に、**勤務終了後の休息期間**を見ていこう。改善基準によると、勤
務終了後の休息期間は継続**９時間**を下回らないものとすることとされ
ているので、それに違反していないかをチェックしていく。ちなみに、
チェックの方法は、**翌日の始業時刻から当日の終業時刻を引くだけで**

ある。

　月曜日から火曜日にかけては、**13時間**の休息期間がある。
　火曜日から水曜日にかけては、**9時間**の休息期間がある。
　水曜日から木曜日にかけては、**11時間**の休息期間がある。
　木曜日から金曜日にかけては、**12時間**の休息期間がある。
　金曜日から土曜日にかけては、**9時間**の休息期間がある。
　よって、**選択肢2は正しい**。

　以上より、正しいものは**選択肢1**と**選択肢2**となる。

上記のように、この「**1週間**」バージョンの解法手順としては…

①各日の**拘束**時間が、**15時間**を超えているか？
（1日の拘束時間の考え方に注意）

②休息期間が、**継続9時間以上**あるか？

…という2段階でよかろう。**この2ステップを軽快にハンドリングでき**るようにしておければ、悩むことはないはずだ。

では、もう1問見てみよう。

令和2年度第2回 問 **22** （改題）

下図は、貨物自動車運送事業に従事する自動車運転者の**1週間**の勤務状況の例を示したものであるが、「自動車運転者の労働時間等の改善のための基準」（以下「**改善基準告示**」という。）に定める拘束時間等に関する次の記述のうち、**誤っているもの**を**1つ**選び、解答用紙の該当する欄にマークしなさい。なお、解答にあたっては、下図に示された内容及び各選択肢に記載されている事項以外は考慮しないものとする。

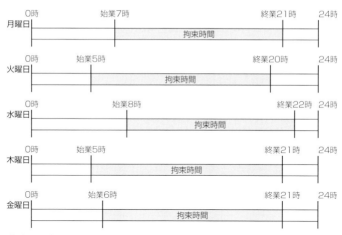

注）土曜日及び日曜日は休日とする。

1. 1日についての拘束時間が改善基準告示に定める最大拘束時間に違反する勤務がある。

2. 勤務終了後の休息期間が改善基準告示に違反するものがある。

3. 木曜日に始まる勤務の1日についての拘束時間は、この1週間の勤務の中で1日についての拘束時間が最も長い。

　この問題も、**1日の拘束時間**と**休息期間**に着目して解いていくのが得策である。

　まず、選択肢1について。

　改善基準によると、1日の最大拘束時間は**原則として13時間**となっている。また、**1日の拘束時間の計算の方法**は以下の通りである。

①基本的には、終業時刻から始業時刻を引くだけでよい。

②ただし、注意しなければならないのは、**翌日の始業時刻が当日の始業時刻より早い場合**である。この場合には**その早い時間の分だけ、当日の拘束時間に加える**ことを忘れない。

以上を前提に、本問における各曜日の拘束時間を計算する。

月曜日：（21 時－ 7 時）＋2 時間＝ 16 時間

火曜日：（20 時－ 5 時）＝ 15 時間

水曜日：（22 時－ 8 時）＋3 時間＝ 17 時間

木曜日：（21 時－ 5 時）＝ 16 時間

金曜日：（21 時－ 6 時）＝ 15 時間

月曜日は翌日の始業時刻が 2 時間早く、水曜日は翌日の始業時刻が 3 時間早いので、その分を加えることに注意しよう。

以上より、**月曜日、水曜日、木曜日**についての拘束時間が、改善基準に定める最大拘束時間（**15 時間**）を超えて違反しているので、**選択肢 1 は正し**いことが分かる。

次に、選択肢 2 について。

改善基準によると、勤務終了後の休息期間は、**継続 9 時間を下回らないものとすること**とされている。以上を前提に、本問における各曜日の休息期間を算出すると、以下のようになる。

月〜火曜日：8 時間　　　火〜水曜日：12 時間

水〜木曜日：7 時間　　　木〜金曜日：9 時間

以上より、**月曜日から火曜日**にかけての休息期間（**8 時間**）、**水曜日から木曜日**にかけての休息期間（**7 時間**）が、改善基準で定める休息期間（継続 9 時間を下回らないものとすること）に**違反している**ので、**選択肢 2 も正しい**ことが分かる。

最後に、選択肢 3 について。

選択肢 1 の解説により、この 1 週間の勤務の中で、1 日についての拘束時間が最も長いのは水曜日に始まる勤務（拘束時間は **17 時間**）である。よって、**選択肢 3 は誤り**であることが分かる。

以上より、誤っているものは選択肢 3 のみとなる。

拘束時間「1ヵ月」バージョンを攻略せよ！

自動車運転者の1ヵ月の拘束時間例から、貨物自動車運送事業が改善基準に適っているかを判断する能力が問われている。

キメ技

1 改善基準も「運行の安全確保」が究極の目的だ。

さぁ、拘束時間について「1日」「1週間」と解説してきたところ、今度は「1ヵ月」バージョンだ！

テクニック21で改善基準について触れているが、一度、整頓の意味も込めて、改善基準について簡単にコメントしておきたい。

そもそも改善基準とは、自動車運転者の労働時間等の改善のための基準を定めることにより、**自動車運転者の労働時間等の労働条件の向上を図る**ことを目的として規定されているものだ。

運転者の**労働条件の向上**を目的とする以上、今まで見てきたとおり、1日の拘束時間の上限が定められていたり、最低限の休息期間が定められていたりするわけだ。このように規制することで「**運行の安全確保**」を図ることが狙いだ。

そして、この改善基準については、運転者の拘束時間の適否を問う問題が出題されるところ、この出題パターンはほぼ特定できるため、私はこれらを5パターンに分けて解説しているわけだ。さて、前置きが長くなったが、そろそろ「1ヵ月」バージョンの解説に移ろう！

2　4 つの違反ポイントで正解せよ！

　さて、「1 ヵ月」バージョンとはどんな問題かというと、後の本試験問題を見たほうが早いだろうが、**各選択肢に、各月の拘束時間 1 年分の表が掲載されていて、これらの表のうち改善基準に適合しているものは？（違反していないものは？）**…という形で問われる。

　結果、**改善基準における「1 ヵ月」（及び 1 年間）の拘束時間の上限**を知っていれば対応でき、知っているか否かの話で難しいことはない。

　そこで、どのような規定をされているか紹介すると、**「1 ヵ月」の拘束時間の限度**は、原則として、**284 時間**とされている。しかし、やはり例外が規定されていて、**労使協定（労働者と使用者間の協定）が締結**されていれば、1 年間のうち **6 ヵ月までは、310 時間まで延長**することができるのだ。ただし、延長する場合でも、1 ヵ月の拘束時間が **284 時間を超える月は、連続 3 ヵ月まで**にしなければならない。

　また、**「1 年間」の拘束時間の限度**は、原則として **3,300 時間**までとされている。しかし、こちらについても**労使協定が締結**されていれば、**3,400 時間まで延長**することができる。

　そして、以上のうち「1 ヵ月」バージョンの問題に対応するには、以下の**4 つの違反ポイント**を意識すればよい！

■「1 ヵ月」バージョンの 4 つの違反ポイント■

1 ヵ月の拘束時間が…

ポイント①　**310 時間**を超過する月があれば、その時点で**違反！**
ポイント②　**284 時間**を超過する月が、**合計 7 ヵ月以上**あれば**違反！**
ポイント③　**284 時間**を超過する月が、**連続 4 ヵ月以上**あれば**違反！**

さらに 1 年間の拘束時間が…

ポイント④　**3,400 時間**を超えると、**違反！**

　…ということだ。補足しておくと、**ポイント①**について、1 ヵ月の拘束

時間の延長時間の上限は **310 時間**までであるため、たとえ 1 ヵ月でも、**310 時間を超過していれば、改善基準に違反する**こととなる。

そして、**ポイント②**について、原則的な 1 ヵ月の拘束時間である 284 時間を超えて延長できるのは、1 年間で **6 ヵ月**までしか認められていないため、**超過月が 7 ヵ月以上であれば違反**ということだ。

そろそろ覚えるポイントも増えてくるので、こんなゴロ合わせはいかがであろうか。

まずは、**ポイント①**についてだが、310 時間を超える月が 1 ヵ月でもあれば、その時点で**違反！**…という内容である。そう…私はダイエット中…いかん、砂糖はいかん！

ゴロ合わせ　「1 ヵ月」バージョンの違反
ポイント①

いかん！（違反）
　砂糖が出た（310 時間超え）！

少しでも皆さんのお役に立つならば、何を言われても構わない…（開き直り）。

次は、**ポイント②**についてだが、284 時間を超える月は、7 ヵ月以上で**違反！**…というものだ。

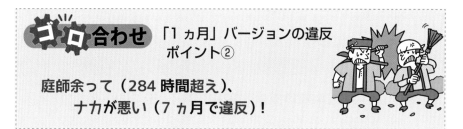

ゴロ合わせ　「1 ヵ月」バージョンの違反
ポイント②

庭師余って（284 時間超え）、
　ナカが悪い（7 ヵ月で違反）！

では、以上を前提に、実際の過去問を確認してみよう！

3　本試験問題にトライ！

平成 30 年度第 1 回　問 22（改題）

下表の 1 ～ 3 は、貨物自動車運送事業に従事する自動車運転者（隔日勤務に就く運転者以外のもの。）の 1 年間における各月の拘束時間の例を示したものである。下表の空欄 A、B、C について、次の選択肢ア～ウの拘束時間の組み合わせをあてはめた場合、「自動車運転者の労働時間等の改善のための基準」に適合するものを 1 つ選び、解答用紙の該当する欄にマークしなさい。なお、「1 ヵ月についての拘束時間の延長に関する労使協定」があるものとする。

1.

	4月	5月	6月	7月	8月	9月	10月	11月	12月	1月	2月	3月	A を除く 11 ヵ月の拘束時間の合計
拘束時間（時間）	281	283	A	292	260	268	279	284	289	287	262	282	3067

2.

	4月	5月	6月	7月	8月	9月	10月	11月	12月	1月	2月	3月	B を除く 11 ヵ月の拘束時間の合計
拘束時間（時間）	278	283	300	290	B	277	284	283	296	273	259	282	3105

3.

	4月	5月	6月	7月	8月	9月	10月	11月	12月	1月	2月	3月	C を除く 11 ヵ月の拘束時間の合計
拘束時間（時間）	266	289	294	290	283	262	273	C	298	275	278	288	3096

		A	B	C
選択肢	ア	311	290	298
	イ	305	296	290
	ウ	302	292	294

本問は、1年間における各月の拘束時間についてなので、ポイント④も含めて考えなければいけないものだ。ちなみに、「1ヵ月についての拘束時間の延長に関する労使協定」であるが、**これがなければそもそも延長は認められない。**

　では、「労使協定」がある場合、どこまで延長が許されるのか……

　205ページにも書いたが、このようなパターンの出題がされたら、確認すべき点は、

① **1ヵ月の拘束時間が 310 時間を超過している月があるか**
② **1ヵ月の拘束時間が 284 時間を超過している月が合計 7 ヵ月以上あるか**
③ 1ヵ月の拘束時間が 284 時間を超過している月が**連続 4 ヵ月以上あるか**

　また、これら3つに加えて、本問では、

④ **1年間の拘束時間が 3,400 時間以内であるか、も確認しておく必要がある。**

延長にはそもそも労使協定が必要なことと、1年間合計の拘束時間の上限 3,400 時間という点は覚えておこう。

　以上を前提に、本問を検討してみよう。

　まずは、**選択肢アについて。**
　注目すべきは A の **311 時間**である。上に挙げたように、労使協定がある場合でも拘束時間の延長は 310 時間までなので、この点が基準に違反している。この時点で、**選択肢アは誤り**であることが分かる。

次に、**選択肢イ**について。

注目すべきはＢの **296 時間**である。Ｂに 296 時間を入れると、1 年間についての拘束時間は 3,105 ＋ 296 ＝ 3,401（時間）となり、基準に違反することになる。

よって、**選択肢イも誤り**であることが分かる。

選択肢アと**選択肢イ**が誤りなので、消去法で**選択肢ウが正しいことが分かる**が、念のため当てはめてみよう。

選択肢ウについて。

まず、Ａに 302 時間を入れた場合、①1 ヵ月の拘束時間が 310 時間を超過している月はない。②1 ヵ月の拘束時間が 284 時間を超過している月は **4 ヵ月**でこれも**問題ない**。③1 ヵ月の拘束時間が 284 時間を超過している月は**連続 2 ヵ月**なので、これも**問題ない**。④1 年間の拘束時間は 3,067 ＋ 302 ＝ 3,369（時間）でこれも**問題ない**。

そして、Ｂに 292 時間を入れた場合、①は**超過なし**、②は **4 ヵ月**で OK、③は連続 3 ヵ月で **OK**、④は 3,105 ＋ 292 ＝ 3,397（時間）でこれも **OK**。

最後に、Ｃに 294 時間を入れた場合、①は**超過なし**、②は **6 ヵ月**でこれも OK、③は連続 3 ヵ月でやはり OK、④は 3,096 ＋ 294 ＝ 3,390（時間）だからこれも OK。

したがって、**選択肢ウが正しい**ことになる。

かつての本試験においては、上に挙げたポイントのうち、①と②を検討すれば足りるというものが多かったが、近年の傾向を見ると、③と④まで**検討する**ことが望ましいといえる。

今後の本試験においても、同様の傾向が続くことが予想されるので、しっかりと 4 つのポイントを押さえておいてほしい。

運転時間「特定日」バージョンを攻略せよ！

テクニック 27

一見、面倒くさそうなこの問題。
理屈から理解してしまえば簡単で
得点源にできる。

キメ技

① 「現場を考慮した規定」という理解が大事！

では次に、「特定日」バージョンの解説に入ろう。

正確には拘束時間の話ではなく、"運転時間"の話ではあるが、働く（運転する）のはここまでにしなさいよ！…という制限時間の話なので、この章でまとめて紹介させていただく。

さて、事業用自動車の**運転者の運転時間**については、**改善基準で厳格な規制**が設けられている。長時間の運転が**運転者の疲労を蓄積し、注意力を低下させ、危険な運転に直結する**ため、常々お伝えしている**運行の安全確保**という重要な目的から、長時間の運転時間を厳格に規制する必要があるのだ。この試験において、この運転時間の規制に関する問題が頻出していることも頷ける。

そして、この「特定日」バージョンの出題パターンとしては、ある特定日の運転時間が改善基準に違反するかという形で問われるものが多いのだが…

やはり、この問題にも攻略ポイントがある！

まずは、規定の原則的な話から始めよう。

まず、改善基準の条文を確認すると、運転時間は 2 日（始業時刻から起算して 48 時間）を平均して、1 日当たり 9 時間、2 週間を平均し 1 週間当たり 44 時間を超えないものとされる（改善基準 4 条 1 項 6 号）。

　この 2 日を平均し…というのは、**単純に 1 日当たりの運転制限時間を 9 時間以内**としてしまうと、長距離の往復運行等を要する場合、**簡単に 1 日 9 時間の運転時間を超えてしまう**ことが多いからだ。

　　　　何を隠そう、実は**この実情の理解が大事**である！

　つまり、1 日 9 時間オーバーを改善基準違反としてしまうと、**貨物自動車運送事業の現場の実情を無視**することになる。そこで、**2 日の平均時間をもって、1 日の運転時間とみなす**ということにしたのだ。

■ 2 日「平均」の運転時間を基準とする意味■

第 1 日 （特定日の前日）	第 2 日 （特定日）	第 3 日 （特定日の翌日）
┌── 平均 9 時間 ──┐	┌── 平均 10.5 時間 ──┐	
運転 8 時間	運転 10 時間	運転 11 時間

　上図を例にすれば、単純に 1 日 9 時間までという制限をかけてしまうと、第 2 日の運転時間（10 時間）は制限を超えるため、あっさり改善基準違反になる。しかし、第 1 日の 8 時間と、第 2 日の 10 時間の平均時間と考えれば、合計 18 時間÷ 2 で、運転時間は 9 時間となるわけだ。

　ところで、上図の例を見て、皆さんは思ったであろう…。

　第 2 日と第 3 日は、2 日を平均して 10.5 時間なので、ここで**改善基準違反となるよね！** …と。

否！　違反していない！
そして、ここが攻略ポイントだ！

　どういうことか？

　確かに、運転者の長時間運転を制限するという改善基準の目的からすれば、ある特定日の運転時間を検討する際、特定日の前日との平均時間、及び、特定日の翌日との平均時間の**いずれもが９時間以内であること**が望ましいはずだ。

　しかし、この特定日の運転時間が改善基準に適合するかの判定に当たっては、**特定日の前日、若しくは、特定日の翌日との平均時間のいずれかが９時間以内となっていれば足りる**のだ！…言い換えれば、

一方の平均は、９時間を超えてもよい！

　…ということなのだ。これもまた、長距離の往復運行等では簡単に１日９時間以上の運転時間になることが常態とも言える、貨物自動車運送事業の**現場の実情を考慮した運用**なのである。

　結果どうなるかと言えば、**ある特定日の運転時間が規定に違反していないか？**…という問題が出た場合、その特定日の**前後の運転時間との平均**を出してみて…、

一方でも９時間以内ならばセーフ！

　…ということになるわけだ。

　言ってみれば、これだけの話となる。以上をふまえて「特定日」バージョンの本試験問題を見てみよう。

2 本試験問題にトライ！

平成 29 年度第 2 回　問 29（改題）

運行管理者は複数の荷主からの運送依頼を受けて、下のとおり 4 日に
わたる 2 人乗務による**運行計画**を立てた。この 2 人乗務を必要とした
根拠についての次の 1 ～ 3 の下線部の運行管理者の判断について、**正
しいもの**をすべて選び、解答用紙の該当する欄にマークしなさい。なお、
解答にあたっては、〈4 日にわたる運行計画〉に記載されている事項以
外は考慮しないものとする。

〈4 日にわたる運行計画〉

前日　当該運行の前日は、この運行を担当する運転者は、休日とする。

1 日目
始業時刻 6 時 00 分　出庫時刻 6 時 30 分　到着時刻 20 時 30 分　終業時刻 20 時 45 分

業務前	点呼（営業所）	運転	荷積み	運転	休憩	運転	休憩	運転	荷下ろし	運転	業務後	点呼等	宿泊所
		1 時間	1 時間	3 時間	1 時間	2 時間	30 分	3 時間	1 時間 30 分	1 時間			

2 日目
始業時刻 5 時 00 分　出庫時刻 5 時 15 分　到着時刻 18 時 15 分　終業時刻 18 時 30 分

業務前	点呼	運転	荷積み	運転	休憩	運転	休憩	運転	中間点呼	休憩	運転	荷下ろし	運転	業務後	点呼等	宿泊所
		1 時間	1 時間	2 時間	15 分	1 時間	15 分	2 時間	1 時間		2 時間	1 時間 30 分	1 時間			

3 日目
始業時刻 6 時 00 分　出庫時刻 6 時 15 分　到着時刻 19 時 30 分　終業時刻 19 時 45 分

業務前	点呼	運転	荷積み	運転	中間点呼	休憩	運転	休憩	運転	荷下ろし	運転	業務後	点呼等	宿泊所
		1 時間 15 分	1 時間	3 時間	1 時間		2 時間	30 分	2 時間	1 時間 30 分	1 時間			

4 日目
始業時刻 4 時 00 分　出庫時刻 4 時 15 分　到着時刻 15 時 35 分　終業時刻 16 時 05 分

業務前	点呼	運転	荷積み	運転	休憩	運転	休憩	運転	荷下ろし	運転	業務後	点呼等（営業所）
		1 時間	1 時間	2 時間	1 時間	2 時間	20 分	2 時間	1 時間 30 分	30 分		

翌日　当該運行の翌日は、この運行を担当する運転者は、休日とする。

2. 1 人乗務とした場合、すべての日を特定の日とした場合の 2 日を平
均して 1 日当たりの運転時間が改善基準に違反すると判断して、当
該運行には交替運転者を配置した。

運転時間は、2日を平均し1日当たり9時間を超えないこととされている。

　2日を平均した1日の運転時間の計算に当たっては、「特定日の前日と特定日の運転時間の平均」と「特定日と特定日の翌日の運転時間の平均」を算出し、**どちらも9時間を超える**場合は**基準違反**と判断される。

　以上を前提に、本問の4日間を検討する。

　本問の場合、1日目の運転時間は**10時間**、2日目の運転時間は**9時間**、3日目の運転時間は**9時間15分**、4日目の運転時間は**7時間30分**である。

　そして、特定日を**2日目**とすると、「特定日の前日（1日目）と特定日（2日目）の運転時間の平均」、「特定日（2日目）と特定日の翌日（3日目）の運転時間の平均」は、**ともに9時間を超える**こととなる。

　よって、**本選択肢は正しい**ことが分かる。

どちらかではなく、どちらも9時間を超える場合が違反だ！頭にたたきこもう。

　令和4年度CBT試験出題例の問22（選択肢3、4）、令和2年度第2回の問30選択肢2もこのテクニックで攻略できた！
　せっかくなので、もう1問だけ確認しておこう。

平成 30 年度第 1 回　問 ㉓

下表は、貨物自動車運送事業に従事する自動車運転者の 1 ヵ月の勤務状況の例を示したものであるが、「自動車運転者の労働時間等の改善のための基準」に定める**拘束時間及び運転時間等**に照らし、次の 1 ～ 4 の中から**違反している事項**を 1 つ選び、解答用紙の該当する欄にマークしなさい。なお、1 人乗務とし、「1 ヵ月についての拘束時間の延長に関する労使協定」があり、下表の 1 ヵ月は、当該協定により 1 ヵ月についての拘束時間を延長することができる月に該当するものとする。また、「時間外労働及び休日労働に関する労使協定」があるものとする。

（起算日）

第 1 週		1日	2日	3日	4日	5日	6日	7日	週の合計時間
	各日の運転時間	6	7	5	7	9	8	休日	42
	各日の拘束時間	9	13	10	10	13	13		68

第 2 週		8日	9日	10日	11日	12日	13日	14日休日労働	週の合計時間
	各日の運転時間	5	4	5	8	10	8	6	46
	各日の拘束時間	8	7	7	14	15	10	8	69

第 3 週		15日	16日	17日	18日	19日	20日	21日	週の合計時間
	各日の運転時間	4	5	4	9	10	9	休日	41
	各日の拘束時間	8	8	8	11	15	11		61

第 4 週		22日	23日	24日	25日	26日	27日	28日休日労働	週の合計時間
	各日の運転時間	9	8	5	4	5	6	4	41
	各日の拘束時間	13	12	9	10	12	11	10	77

第 5 週		29日	30日	31日	週の合計時間	1 ヵ月（第 1 週～第 5 週）の合計時間
	各日の運転時間	8	6	7	21	191
	各日の拘束時間	12	10	13	35	310

（注 1）7 日、14 日、21 日及び 28 日は法定休日とする。
（注 2）法定休日労働に係る 2 週間及び運転時間に係る 2 週間の起算日は 1 日とする。
（注 3）各労働日の始業時刻は午前 8 時とする。

2．当該 5 週間のすべての日を特定日とした 2 日を平均した 1 日当たりの運転時間

この**選択肢2**は、改善基準に**違反している**。

本間の場合、すべての日を特定日とするのであるから、まずは全体に目を通して確認していこう。

そして、「特定日の前日と特定日の運転時間の平均」と「特定日と特定日の翌日の運転時間の平均」がどちらも**9時間を超えるところがないかどうか**を確認する。

怪しいところがありそうだ。そう、**19日を特定日**とした場合である。

19日を特定日とした場合、特定日の前日である「18日」と特定日の「19日」の運転時間の平均は**9.5時間**、特定日の「19日」と特定日の翌日である「20日」の運転時間の平均も**9.5時間**で、ともに9時間を超えているため、**改善基準に違反**している。

　令和2年度CBT試験出題例問23選択肢2、令和2年度第1回問23選択肢2もこのテクニックで攻略できた！

最後にもう一歩突っ込んでコメントしておくと、特定日前後の平均値を出す際、要するに、**平均9時間オーバー**が違反となるため、2日間の運転時間の合計が「18時間"超え"」の部分があると違反の可能性がある。

つまり、具体的な数字では、おそらく半端な数字は出してこないと思われるので、2日間の運転時間の合計が「19時間以上」であれば、そこは**違反の可能性あり**となるわけだ。参考にしてみてほしい。

逆に、2日間の運転時間の合計が「18時間」のところが1つでもあれば、平均9時間となるのでセーフだ。これも1つの目安になるであろう。

第3編 学習
テクニック編

テクニック

28

「連続運転時間」を攻略せよ！

「連続運転時間」とは、休憩なしの運転の連続がどこまで許されるか？…という問題だ。コツをつかめば得点源にできる！

キメ技

1　ぶっ続けの運転時間は、どこまで許される？

さて、計算もののテクニックの最後に「連続運転時間」に関する問題の攻略テクニックを紹介しようと思う。早い話が、**ぶっ続けの連続運転時間は、どこまで許されるのか？**…という点についての問題だ。先に言っておくと、条文を見て、自分で理解しようとすると勘違いしやすい独特のポイントがここにもある。逆に言えば、**注意すべきポイントをつかんでしまえば、ここも容易に正解できる**のだ。

さて、前のテクニック 27 で述べたように、事業用自動車の運転者の運転時間については、改善基準において、1 日の運転時間の制限（同基準 4 条 1 項 6 号、「特定日」バージョン）のほかに、**「連続運転時間」の制限**が規定されている。

先ほどの「特定日」バージョンは、1 日の運転時間の限度の話であったが、今度は、**いつ、いかなる場合であろうと「連続」して、運転し続けられる時間の限度**の話だ。

「俺は 15 時間でもできるぜ！」といった体力的な話ではない。**運行の安全確保**のため、法令で定められる限度の話だ。ここまできて、私は何を言って

いるのであろうか…。

　ともかく、改善基準によれば、**連続運転時間とは、1回がおおむね連続10分以上で、かつ、合計が30分以上の中断（休憩）をすることなく、連続して運転する時間**のことを意味する。そして、この連続運転時間は原則として4時間を超えてはならない（同基準4条1項7号）。

　なお、**一度30分以上の休憩（中断）をすれば、連続運転時間はゼロに戻る**と考えてOKだ。

　上記規定を言い換えれば、運転開始後4時間以内、又は、4時間経過直後までに、必ず合計30分以上の休憩（中断）をしなければならない…ということを意味する。

　しかも、1回の休憩がおおむね10分以上なので、**5分を6回**…とかではダメだ。「5分を6回」では、その6回とも休憩（中断）とはみなされない。仮に「25分と5分」の休憩（中断）では、25分の部分だけが10分以上なので、休憩（中断）とみなされるという理屈だ。

　なお、この規定の目的もやはり**運行の安全確保**にある。つまり、この程度の休憩もとらずに、4時間を超える連続運転を行うことは、運転者を過度に疲労させ、危険な運転を起こしやすいと考えているのだ。そして、このような重要性をもつ「連続運転時間」の問題も、やはり過去において頻出である。

　問題パターンとしては、**運転時間と休憩時間の組合せの表が提示され、改善基準に違反するか？**…を問うものだが、この表は情報量が多く、苦手意識をもつ受験生も多いと思う。

　しかし、先ほどの「特定日」の問題と同じく、**ポイントを把握して落ち着いて処理すれば、確実に正解できる問題**なのだ。ということで、この問題のポイントを紹介しつつ、実際の過去問を確認していこう。

❷　３つのポイントを順序よく、把握せよ！

　先ほど述べた内容をまとめただけだが、この問題を解くために必要なポイントを抽出すると以下の３つとなる。これを覚えておけば、連続運転時間の問題は解けるようになる。検討順序も下記のとおりでよい。

■連続運転時間の３つのポイント■

①**ぶっ続け４時間の運転直後**は、「連続」30 分以上の中断を入れる！

　　　　　　　　　　　　　　　　　　　　　　　　⇒ない場合は、違反！

②運転時間の**合計**が４時間になる「**直後まで**」に、

　　30 分以上の中断を入れる！

　　　　　　　　　　　　　　　　　　　　　　　　⇒ない場合は、違反！

③中断として認められるのは、「**おおむね連続 10 分以上**」の中断！

　ポイント①について補足すると、改善基準では、**連続運転時間が４時間となった直後に 30 分以上の中断時間がなければ、運転を再開してはならない**と規定している。つまり、まったく中断しない４時間連続の運転がなされた場合には、その時点で連続 30 分以上の中断時間を入れなければならず、これがなければアウトなのだ！

　そして、ここで注意すべきは、「**連続」30 分以上の中断**ということだ。例えば、連続４時間の運転後、20 分の中断を入れて運転を再開したとする。この場合、たとえ再開した運転時間がたった５分で、その運転直後にさらに10 分の中断を入れたとしても…改善基準違反となる。

　ここは実際の問題を解きながら確認したほうが、わかりやすいと思うので、過去問の検討に入ろう。

令和２年度第２回 問 **30**（改題）

貨物自動車運送事業者の運行管理者は複数の荷主からの運送依頼を受けて、下のとおり４日にわたる運行計画を立てた。この運行に関する、次の１～３の運行管理者の判断について、正しいものをすべて選び、解答用紙の該当する欄にマークしなさい。なお、解答にあたっては、＜４日にわたる運行計画＞及び各選択肢に記載されている事項以外は考慮しないものとする。

〈４日にわたる運行計画〉

前日	当該運行の前日は、この運行を担当する運転者は、休日とする。

1日目 始業時刻 5時00分／出庫時刻 5時30分／到着時刻 21時45分／終業時刻 22時00分

| 業務前点呼等 30分 | 運転 1時間 | 荷積み 1時間 | 運転 3時間 | フェリー乗船 4時間 | 運転 3時間 | 休憩 30分 | 運転 2時間 | 荷下ろし 45分 | 運転 1時間 | 業務後点呼等 15分 | 宿泊所 |

2日目 始業時刻 4時00分／出庫時刻 4時30分／到着時刻 17時15分／終業時刻 17時30分

| 業務前点呼等 30分 | 運転 1時間 | 荷積み 1時間 | 運転 2時間 | 休憩 15分 | 運転 2時間30分 | 中間点呼休憩 1時間 | 運転 2時間30分 | 荷下ろし 1時間 | 運転 1時間30分 | 業務後点呼等 15分 | 宿泊所 |

3日目 始業時刻 4時00分／出庫時刻 4時30分／到着時刻 17時15分／終業時刻 17時30分

| 業務前点呼等 30分 | 運転 1時間 | 荷積み 1時間 | 運転 2時間 | 休憩 15分 | 運転 2時間30分 | 中間点呼休憩 1時間 | 運転 2時間30分 | 荷下ろし 1時間 | 運転 1時間30分 | 業務後点呼等 15分 | 宿泊所 |

4日目 始業時刻 6時00分／出庫時刻 6時30分／到着時刻 18時45分／終業時刻 19時00分

| 業務前点呼等 30分 | 運転 1時間 | 荷積み 1時間 | 運転 3時間 | 休憩 1時間 | 運転 2時間 | 休憩 15分 | 運転 2時間 | 荷下ろし 1時間 | 運転 1時間 | 業務後点呼等 15分 |

翌日	当該運行の翌日は、この運行を担当する運転者は、休日とする。

３．１人乗務とした場合、連続運転時間が改善基準告示に違反すると判断して、当該運行には交替運転者を配置する。

　本問における選択肢３では、４日間の乗務の中に、連続運転時間が改善基準に違反している箇所があるかどうかが問われている。早速、確認していこう。

まずは**ポイント①**の「**ぶっ続け 4 時間**」の運転時間についてだが、これは本問には存在しないので無視して大丈夫だ。

　次に、**ポイント③**に関連する「**10 分未満の休憩**」があるかどうかだが、こちらも本問には存在しないので、考えなくて大丈夫。

　ということで、最後に残った**ポイント②**の「**運転時間の合計が 4 時間になる『直後まで』に 30 分以上の中断が入っているか**」が勝負を分けることになる。もう、これについては地道に探すしかない。

　この点、1 日目及び 4 日目の「**運転 1 時間→荷積み 1 時間→運転 3 時間**」という箇所と 2 日目及び 3 日目の「**運転 1 時間→荷積み 1 時間→運転 2 時間→休憩 15 分→運転 2 時間 30 分**」という箇所があり、4 時間を超える連続運転をしているため、改善基準に違反していることになる。
　ちなみに、荷積み・荷下ろしは特別の事情がない限り**運転の中断に含まれない**ので注意が必要だ。
　よって、選択肢 3 は正しいことが分かる。

では、難しい問題の部類ではあるので、最後に、もう 1 問だけ確認しておこう。

以上のように、この「連続運転時間」の問題については、これといったウラ技がない。しかし、理屈がわかってしまえば、苦手意識をもつほどの問題でもなかろう。

下図は、貨物自動車運送事業に従事する自動車運転者の運転時間及び休憩時間の例を示したものであるが、このうち、連続運転の中断方法として「自動車運転者の労働時間等の改善のための基準」に適合しているものを 2 つ選び、解答用紙の該当する欄にマークしなさい。

1.

業務開始	運転	休憩	運転	休憩	運転	休憩	運転	休憩	運転	休憩	運転	休憩	運転	業務終了
	30分	10分	2時間	15分	30分	10分	1時間30分	1時間	2時間	15分	1時間30分	10分	1時間	

2.

業務開始	運転	休憩	運転	休憩	運転	休憩	運転	休憩	運転	休憩	運転	休憩	運転	業務終了
	1時間	15分	2時間	10分	1時間	15分	1時間	1時間	1時間30分	10分	1時間	5分	30分	

3.

業務開始	運転	休憩	運転	休憩	運転	休憩	運転	休憩	運転	休憩	運転	休憩	運転	業務終了
	2時間	10分	1時間30分	10分	30分	10分	1時間	1時間	1時間	10分	1時間	10分	2時間	

4.

業務開始	運転	休憩	運転	休憩	運転	休憩	運転	休憩	運転	休憩	運転	休憩	運転	業務終了
	1時間	10分	1時間30分	15分	30分	5分	1時間30分	1時間	2時間	10分	1時間30分	10分	30分	

3 つのポイントを覚えてさえいれば、これも難しくはない。

正解は、選択肢 2 と選択肢 3 だ。

　まず、**選択肢 1** は、5 回目と 6 回目の休憩時間が合計 25 分（15 分＋10 分）しかないにもかかわらず、運転時間が 4 時間 30 分（2 時間＋1

時間30分＋1時間）と4時間を超えているので、改善基準に**違反している**（ポイント②を参照）。

　次に、**選択肢4**は、3回目の休憩時間（5分）が有効な休憩時間とは認められないため、1回目と2回目の休憩時間が合計25分（10分＋15分）しかないにもかかわらず、運転時間が4時間30分（1時間＋1時間30分＋30分＋1時間30分）と4時間を超えることとなり、やはり基準に**違反している**（ポイント②、③を参照）。

　残りの**選択肢2**と**選択肢3**については、改善基準に違反している箇所がない。よって、これら2つが正解となる。

　ポイント①～③を丹念に調べ上げて、正解を導き出してほしい。

　令和4年度CBT試験出題例の問22（選択肢1、2）、令和3年度CBT試験出題例の問22もこのテクニックで攻略できた！
　また、**令和3年度CBT試験出題例の問29（選択肢3）**では、出庫時刻から帰庫時刻までの行程や時間などを示し、連続運転時間の中断方法が違反していないかを判断させる問題だった。

　今後も定期的に出題が予想される分野である。押さえておくべきポイントはそれほど多くないので、出題された際には確実に得点できる状態にしておこう。

　繰り返すようだが、本試験では1問の正解・不正解が合格・不合格を分けることにつながるのだ。基本的なことをおろそかにせず、取れる問題は確実に取ってほしい。

最新法改正情報を攻略せよ！

最後に、受験生では調べにくい、試験への出題可能性がある最新法改正情報を紹介する。しっかりと確認しておこう！

キメ技

1 改正情報についての学習は、ここで終えてしまおう！

さて、この項目が本書で紹介する**最後のテクニック**である。

最後に**最新の法改正情報**に関する攻略テクニックを紹介して、フィナーレを迎えようと思うが、今まで長々とお付き合いいただき、本当にありがとう…などと感慨にふけっている暇はない。**皆さんの合格はこれからだ！** 最後まで、気を引き締めていこう。

さて、皆さんはお持ちの参考書に載っている情報が、**改正されている可能性がある**ということについて考えたことがあるだろうか。これまでは運行管理者試験で「出題される」法令は、頻繁に改正される類のものではなかったが、近年は改正が続いているといってよいかもしれない。

だからこそ、**法改正についての情報を知らなかったために、本試験で正解を選ぶことができなかった…というような事態は避けたい。

そこで、ここでは令和6年度受験用に、**最新の法改正情報の中から、試験で出題される可能性があるもの**をピックアップして、まとめて紹介する。この本の編集時点後の改正等については、最終ページに記載してある本書専用ブログアドレスから閲覧してほしい。

2　3つのポイントを押さえよう！

①改善基準の大幅見直し！

まず取り上げるのは「**改善基準**」の大改正についてだ。

トラック運転者については、従来より「改善基準」に従った形での拘束時間・休息期間等の設定が義務付けられていた。しかし、**労働時間の長時間化等を改善**させるため、今般、改善基準を大幅に見直す形での改正が行われた。

当然ながら、影響を受けることとなる過去問も多く、中にはもはや成立し得ない問題もある。詳しくは、後ほどの項目にて見ていくこととなるが、かなり大幅な改正が行われていることには注意が必要だ。

②道路交通法の改正！

次に取り上げるのは「**道路交通法**」の改正についてだ。

道路交通法については、令和4年4月27日に改正の公布が行われ、順次施行されている。

今回、試験の対象となるのは「**遠隔操作型小型車**」についての規定が設けられる等の改正（施行日は令和5年4月1日）及び「**特例特定小型原動機付自転車**」についての規定が設けられる等の改正（施行日は令和5年7月1日）である。なお、試験に関わるところでは、道交法第2条の**定義規定**についての改正等が重要である。

後ほど取り上げるが、影響を受ける過去問も多少あるので、参考にしていただきたい。

③安全規則の改正！

最後に取り上げるのは「**安全規則**」の改正についてだ。

こちらも道路交通法改正と同じく、施行日が2度にわたっているため、順次紹介していきたい。まずは、令和5年3月31日公布、令和5年4月1日施行の改正について。こちらはかなり大幅な改正であり、具体的には、従来は「乗務」と規定されていた箇所が「**業務**」になる、従来は「運転者」と規定されていた箇所が「**運転者等**」になる等の影響が生じている。もちろん、過去問への影響も大きく、後ほどいくつかピックアップして取り上げていきたい。

次に、令和5年10月10日に公布・施行された改正について。こちらは、上述した改正と比べるとやや小幅な改正にとどまっている。具体的には、適性診断、運行管理者講習実施に係る公表が「官報での告示」から「**インターネット**での公表」に変わる等の改正が行われている。余裕のある方のみ押さえておけば足りるだろう。

3 過去問題にチャレンジ！

ここからは、過去問題を取り上げて、上述した法改正がどのように影響しているのかをチェックしていこう。

まずは、①改善基準の見直しについての過去問を取り上げていく。

令和4年度CBT出題例 問 **21** (改題)

「自動車運転者の労働時間等の改善のための基準」において定める貨物自動車運送事業に従事する自動車運転者（以下「トラック運転者」という。）の拘束時間等の規定に関する次の記述のうち、【正しいものを2つ】選びなさい。なお、解答にあたっては、各選択肢に記載されている事項以外は考慮しないものとする。

2. 使用者は、業務の必要上やむを得ない場合には、当分の間、2暦日における拘束時間が22時間を超えず、かつ、勤務終了後、継続20時間以上の休息時間を与える場合に限り、トラック運転者を隔日勤務に就かせることができる。

この選択肢は、改正の前後を問わず「**誤り**」の選択肢となる。

改正前の根拠法はいわゆる「**特例基準**」であり、具体的には、「使用者は、業務の必要上やむを得ない場合には、当分の間、トラック運転者を隔日勤務に就かせることができる。この場合、2暦日における拘束時間は、**21時間**を超えないものとする。」というものであった。

一方、改正後の根拠法は**改善基準4条4項3号**であり、具体的には、使用者は、「業務の必要上やむを得ない場合には、当分の間、2暦日について

226

の拘束時間が**21時間**を超えず、かつ、勤務終了後、継続20時間以上の休息期間を与える場合に限り、トラック運転者を隔日勤務に就かせることができる」というものである。

　法改正後も類似の問題が出題される可能性があるので、この問題を通じて改正を押さえてしまおう。

　では、次の問題を見てみよう。

令和4年度 CBT 出題例 　問 ㉑

> **3.** 労使当事者は、時間外労働協定においてトラック運転者に係る一定期間についての延長時間について協定するに当たっては、当該一定期間は、2週間及び1ヵ月以上3ヵ月以内の一定の期間とするものとする。

　この選択肢は、法改正前は「**正しい**」ものであったが、法改正後は「**解なし（問題不成立）**」となってしまう。

　具体的に見ていくと、法改正前の根拠条文は「**改善基準4条4項**」であり、ほぼ条文そのままの選択肢であった。しかし、法改正により従前「改善基準4条4項」に規定されていたものに相当する規定が**削除**されてしまった。

　さて、次の問題も見ていこう。

令和4年度 CBT 出題例 　問 ㉑（改題）

> **4.** トラック運転者がフェリーに乗船している時間は、原則として休息期間とし、改善基準の規定により与えるべき休息期間から当該時間を除くことができる。ただし、当該時間を除いた後の休息期間については、改善基準所定の場合を除き、フェリーを下船した時刻から終業の時刻までの時間の3分の2を下回ってはならない。

　この選択肢は、改正の前後を問わず「**誤り**」の選択肢となる。

　しかし、改正前と改正後では根拠条文に違いが出てくるほか、規定その

ものも若干異なってくるため、226ページで述べた肢2同様、あえて取り上げさせていただいた。

改正前の根拠法はいわゆる「**特例基準**」であり、具体的には、「運転者が勤務の中途においてフェリーに乗船する場合には、フェリー乗船時間については原則として休息期間として取り扱われ、その場合、2人乗務の場合を除き、フェリー下船時刻から勤務終了時刻までの間の時間の2分の1を下回ってはならない。」というものであった。

一方、改正後の根拠法は**改善基準4条4項4号**であり、具体的には、「トラック運転者がフェリーに乗船している時間は、原則として休息期間とし、改善基準の規定により与えるべき休息期間から当該時間を除くことができること。ただし、当該時間を除いた後の休息期間については、改善基準所定の場合を除き、フェリーを下船した時刻から終業の時刻までの時間の**2分の1**を下回ってはならない。」というものである。

念のため、もう1問確認しておこう。

令和4年度CBT出題例 問⑳

「自動車運転者の労働時間等の改善のための基準」に定める貨物自動車運送事業に従事する自動車運転者の拘束時間等に関する次の文中、A、B、C、Dに入るべき字句として【いずれか正しいものを1つ】選びなさい。

1. 拘束時間は、1ヵ月について　A　を超えないものとすること。ただし、労使協定があるときは、1年のうち6ヵ月までは、1年間についての拘束時間が　B　を超えない範囲内において、　C　まで延長することができる。

2. 1日（始業時刻から起算して24時間をいう。以下同じ。）についての拘束時間は、13時間を超えないものとし、当該拘束時間を延長する場合であっても、1日についての拘束時間の限度（最大拘束時間）は、　D　とすること。

A：① 293 時間　　② 296 時間　　B：① 3,516 時間　　② 3,552 時間
C：① 305 時間　　② 320 時間　　D：① 15 時間　　　② 16 時間

　法改正前の改善基準 4 条 1 項 1 号本文によると、拘束時間は、1 ヵ月について **293 時間**を超えないものとすることとされていた。ただし、労使協定があるときは、1 年のうち 6 ヵ月までは、1 年間についての拘束時間が **3,516 時間**を超えない範囲内において、**320 時間**まで延長することができるとされていた（同号但書）。

　したがって、A には「① 293 時間」、B には「① 3,516 時間」、C には「② 320 時間」が入る。

　法改正前の改善基準 4 条 1 項 2 号によると、1 日（始業時刻から起算して 24 時間をいう。以下同じ。）についての拘束時間は、13 時間を超えないものとし、当該拘束時間を延長する場合であっても、1 日についての拘束時間の限度（最大拘束時間）は、**16 時間**とすることとされていた。

　したがって、D には「② 16 時間」が入る。

　しかし、法改正後は正解の数字が変わってしまう。

　法改正以後は、以下のような形での出題が予想される。

予想問題

「自動車運転者の労働時間等の改善のための基準」に定める貨物自動車運送事業に従事する自動車運転者の拘束時間に関する次の文中、A、B、C、D に入るべき字句として【いずれか正しいものを 1 つ】選びなさい。

1．拘束時間は、1 ヵ月について ┃ A ┃ を超えず、かつ、1 年について ┃ B ┃ を超えないものとすること。ただし、労使協定により、1 年について 6 ヵ月までは、1 ヵ月について ┃ C ┃ まで延長することができ、かつ、1 年について 3,400 時間まで延長することができるものとする。

2．1 日についての拘束時間は、13 時間を超えないものとし、当該拘束時間を延長する場合であっても、最大拘束時間は ┃ D ┃ とすること。

A：① 284 時間	② 293 時間	B：① 3,300 時間	② 3,350 時間
C：① 305 時間	② 310 時間	D：① 14 時間	② 15 時間

本問の正答は、A①　B①　C②　D②となる。

まず選択肢1は、法改正後の改善基準4条1項1号によると、拘束時間は、1ヵ月について**284時間**を超えず、かつ、1年について**3,300時間**を超えないものとすることとされている。ただし、労使協定により、1年について6ヵ月までは、1ヵ月について**310時間**まで延長することができ、かつ、1年について3,400時間まで延長することができるものとされている。

よって、Aには「① 284時間」、Bには「① 3,300時間」、Cには「② 310時間」が入る。

次に選択肢2は、法改正後の改善基準4条1項3号によると、1日についての拘束時間は、13時間を超えないものとし、当該拘束時間を延長する場合であっても、最大拘束時間は**15時間**とすることとされている。

よって、Dには「② 15時間」が入る。

さて、次は②道路交通法の改正についての過去問を取り上げていく。

令和3年度CBT　問17

　道路交通法に定める運転者の遵守事項等についての次の記述のうち、**【誤っているものを1つ】**選びなさい。なお、解答にあたっては、各選択肢に記載されている事項以外は考慮しないものとする。

4．車両等の運転者は、身体障害者用の車椅子が通行しているときは、その側方を離れて走行し、車椅子の通行を妨げないようにしなければならない。

この選択肢は、「誤り」の選択肢となる。

根拠条文は、法改正の前後を問わず「道交法71条2号」である。ただし、改正前の条文は、「車両等の運転者は、身体障害者用の**車椅子**が通行してい

るときは……」であったのに対し、改正後は「（車両等の運転者は、）身体障害者用の**車**が通行しているとき……」となる。

　細かい違いだが、従来「車椅子」とされていた箇所が「車」となったため、改正後は「車」と出題される点については押さえておく必要があるだろう。

　では、最後に③安全規則の改正についての過去問を取り上げていきたい。

令和4年度CBT出題例 問 ❸

> 　次の記述のうち、一般貨物自動車運送事業の運行管理者が行わなければならない業務として、**【正しいものを2つ】**選びなさい。なお、解答にあたっては、各選択肢に記載されている事項以外は考慮しないものとする。
>
> 　4．法令の規定により、運転者ごとに運転者台帳を作成し、営業所に備え置くこと。

　この選択肢は、改正前も「**正しい**」ものであった。

　改正前・後ともに根拠条文は、「安全規則20条1項13号及び9条の5」である。しかし、法改正により従来「運転者」とされていた箇所が「**運転者等**」に、「運転者台帳」とされていた箇所が「**運転者等台帳**」にそれぞれ改められている。

4　高速道路の法定最高速度が引き上げられた

　道交法施行令の改正により、令和6年4月1日より、**高速道路**（高速自動車国道）での中型・大型トラックの**法定最高速度**が**80km/h**から**90km/h**に引き上げられた。対象となるのは中型・大型トラック（車両総重量8トン以上、最大積載量5トン以上）で、トレーラーや大型特殊自動車は80km/hで変更はない。

　この改正は**令和6年度第2回試験から出題範囲**に含まれるため、最後に取り上げた。第2回試験受験者は注意が必要だ。

本書に関する法改正や正誤等の最新情報は、下記のアドレスでご確認ください。

http://www.s-henshu.info/ukkug2405/

上記掲載以外の箇所で正誤についてお気づきの場合は、**書名・発行日・質問事項（該当ページ・行数・問題番号**などと**誤りだと思う理由）・氏名・連絡先**を明記のうえ、お問い合わせください。

・web からのお問い合わせ：上記アドレス内【正誤情報】へ

・郵便または FAX でのお問い合わせ：下記住所または FAX 番号へ

※電話でのお問い合わせはお受けできません。

[宛先] コンデックス情報研究所

　　「スラスラ解ける！ 運行管理者〈貨物〉ウラ技合格法 '24 ー '25 年版」係

住　所：〒 359-0042　所沢市並木 3-1-9

FAX 番号：04-2995-4362（10:00 〜 17:00　土日祝日を除く）

※**本書の正誤以外に関するご質問にはお答えいたしかねます。**また、受験指導などは行っておりません。

※ご質問の受付期限は、**令和 6 年度実施の各試験日の 10 日前必着**といたします。

※回答日時の指定はできません。また、ご質問の内容によっては回答まで 10 日前後お時間をいただく場合があります。

あらかじめご了承ください。

監修　中澤　功史（なかざわ　よしふみ）

中央大学法学部法律学科卒業。行政書士中澤法務事務所所長。群馬県行政書士会法務委員会副委員長。行政書士を含む多数の資格試験で一発合格を果たした経験をもとに、各種資格試験の問題集・テキストの執筆を通じて受験指導を精力的に行っている。

編著　コンデックス情報研究所

1990 年 6 月設立。法律・福祉・技術・教育分野において、書籍の企画・執筆・編集、大学および通信教育機関との共同教材開発を行っている研究者・実務家・編集者のグループ。

スラスラ解ける! 運行管理者〈貨物〉ウラ技合格法 '24ー'25年版

2024年7月20日発行

監　修　中澤功史
　　　　なかざわよしふみ

編　著　コンデックス情報研究所
　　　　じょうほうけんきゅうしょ

発行者　深見公子

発行所　成美堂出版

　　　　〒162-8445　東京都新宿区新小川町1-7
　　　　電話(03)5206-8151　FAX(03)5206-8159

印　刷　広研印刷株式会社

©SEIBIDO SHUPPAN 2024　PRINTED IN JAPAN

ISBN978-4-415-23870-8